大是文化

你這麼有實力，千萬別敗在不夠有名。
你該怎麼顯露經歷、聲勢、甚至情緒，
讓世界放大你的成績。

曾任《世界報》資深主編、
現為德國地產大亨、專業地產顧問

雷納・齊特曼——著
（Rainer Zitelmann）
廖桓偉——譯

成名的藝術

The Art of Becoming Famous:

Geniuses of Self-Marketing from Albert Einstein to Kim Kardashian

目錄

|引言|

自我行銷的藝術——不用最頂尖，也能最出名　017

第五章

人類本來就不理性，你要放大聲勢 117

第六章

人們會對胸懷大志的人抱有期待 141

第七章

無論從事什麼行業，銷售都是關鍵

第八章

刻意的不完美，大家會更喜歡你

| 第九章 |

代表正義的一方迎戰邪惡勢力　203

| 第十章 |

重點不是比別人好，而是跟別人不一樣！　223

推薦序一

成名的藝術人人都該學

行銷表達技術專家／解世博

收到這本書時，讓我回想起曾跟一位律師朋友的對話。當時正值二〇二〇年美國總統大選前，我們正在討論川普與拜登誰的贏面大？當分析到川普時，這位律師朋友語出驚人的說：「川普只是個網紅。」

當時的幾位朋友聽到「川普網紅說」也覺得挺訝異的，畢竟川普總統也在任內交出不錯的經濟政績。這位律師朋友還推薦我們上 Netflix 搜尋《黑錢》（*Dirty Money*）第一季第六集。這也讓我對川普總統有了不同的認識，更好奇一個經商能力並非如我們想像中成功的人，為何能在川普迷眼中，有著無窮魅力，甚至受到全世界關注？原來川普總統真正的成功之處，在於他善於經營自己、行銷自己。

銷售人真正在賣的產品是自己

我本身是銷售訓練講師，當我在銷售課程訓練時，常問學員以下問題：「你銷售的產品是什麼？」、「你覺得什麼產品最難賣？」不知道是不是人常說的做一行怨一行，還是因為各行業都充滿高度競爭的緣故。許多人會說自己的行業難做、產品越來越難賣。

這時我會跟大家分享一個觀念：「不論從事什麼行業，其實我們的工作都只是副業，而真正的本業是銷售自己，你同意嗎？」可以試想一下，客戶是先買單了你這個人，才買單你的產品（服務）？還是先買單你的產品（服務），進而認同你這個人？我猜這問題比先有雞還是先有蛋容易許多。

在高度競爭的各個行業裡，勝負的關鍵已經不是公司、產品，而是比誰能被客戶看見、被客戶記住的能力。

超業高手們在努力的事

巧的是，這十多年來，在輔導且觀察了各行業超業高手們的成功祕訣後，我發現他們的致勝關鍵，都在於他們擁有強大的自我行銷能力。他們也一樣很努力，只是努力的方向不同。

大多數人的努力在專業知識、擴展人脈社交……而超業高手們的努力在「被客戶看見」

上；這就是為什麼一樣很努力，而成果大不同的原因。甚至你會發現，那些努力被看見的人，他們還能得到更多的媒體關注、公司資源、人脈連結、更多的好運機遇。進一步又造成紅者越紅越強，黯淡無光者更加渺小的落差懸殊，就像貧富差距越來越大一樣。

過去我們都以為「努力就有機會」，現在該更正為「被看見，努力才有機會」。也別再埋怨這世界不公平，很可能是你忽略了商場上「懂得銷售自己的人，才會贏」的道理。

成名的藝術人人都該學

從小我就喜歡看名人傳記，看完這本書，只能用過癮兩個字形容。這本書裡一次收錄十二位名人，以及他們如何行銷自己成名的故事。

你還會發現，成功的人之所以成功，是因為他們夠敢、夠狂，而且他們的想法更與一般人不一樣。你我或許學不來他們的做法，但是這十二位頂尖名人的成名之路，一定能啟發你如何創造自己的註冊商標、拉出你和對手的差異。

當你學會經營自己、行銷自己，以後在客戶面前出現時，就像身上打著聚光燈，各人頭上一片天，從此銷售就能無往不利。

這本書，大力推薦給各行業的銷售夥伴們。

推薦序二

顏質，就是我的個人特質

知名花瓶／美麗本人

「OK、OK、OK！」大家好，我是美麗本人，容我先自我介紹，請大家拿出手機Google「美麗本人」，維基百科上會有我所有的資訊，讀完了嗎？我的推薦序要開始囉！OK，PLAY！

本書引言斗大的標題寫到：「不用最頂尖，也能最出名」，沒錯！我並不是YouTube上訂閱數最高的人，Instagram追蹤數字也非常普通（不好意思的說，我的YouTube頻道跟Instagram都沒有超過十萬），網路上比我好笑、比我好看的人有一大堆，隨便都可以舉出一票超越我的人，但是他們都沒為這本書寫推薦序，而是我！

部分讀者可能會好奇，這個寫推薦序的人是誰？企業創辦人、總經理、行銷專家？究竟美麗本人憑什麼？他不就是一個素人，在 YouTube 上面評論音樂影片而已嗎？

我想，這次大是文化出版社會邀請我寫推薦序，一定也是因為他們認為我掌握了自我行銷的特質——就和書中的其他名人一樣（安迪．沃荷、卡爾．拉格斐、賈伯斯……）。

讀者們可以從各個名人的故事中，發現他們操作自己、行銷自己的方式。例如，想把自己當成獨一無二的商品，此時你就得做出「商品識別度」，問問自己有什麼地方和市場上其他商品不一樣？在與你同性質的人競爭時，你可以拿什麼拚過別人？

本書中最引起我共鳴的章節，應該就屬時尚大師拉格斐的「你要很自戀，也要懂自嘲」，而我絕對相信擁有足夠幽默感的人才了解自嘲的藝術。試想一下，當你可以盡情的開自己玩笑時，還會在乎其他人拿你的短處來做文章嗎？

整本書讀完後，我也發現一個可以貫串全文的重點，那就是「個人特質」；然而除了靠自己發掘以外，也可以透過身邊的好友，來探索你自己的特別之處。一旦你找到個人特質之後，就要把它發揮到最極致！

以我為例，在進入現在的公司「我的檔期有限公司」之後，我就被周遭的朋友們提醒，我是一個可以靠顏質來對抗這個體制的男人，我的顏質能夠重新定義「美麗」這兩個字，我將我的能力盡情發揮，無論其他人如何批評或咒罵，我都要鋪天蓋地的讓這個市場知道我的存在。

我成功的將「美麗」兩個字從形容詞變成名詞，就是要讓世人知道「美麗本人來了！他不是來賣藝的，他是來賣臉的！他就是個名副其實的花瓶！」

在你看完本書以後，就會知道上面這一段話，完全是在體現書中的技巧，如果成名這件事情是一套武術，那我就是那個將第一式到最後一式都融會貫通的綜合體。

想學這套功夫嗎？就看你要不要翻這本書囉！

引言

自我行銷的藝術——不用最頂尖，也能最出名

有企圖心的人、想在人生中達成非凡成就的人，以及不甘於平凡的人，動機通常都是以下三個之一：他們想要獲得金錢、權力或名氣。在我對於「變有錢」這個主題做過廣泛研究、並寫過幾本暢銷書（《死薪水的不投機致富金律》，大是文化出版）之後，我開始對於成功出名的人們感興趣。我開始閱讀並分析數萬頁名人的人生故事，並逐漸明白，傑出的成就只是他們成名的原因之一，還有一個因素更為重要：行銷自己的能力。

與此同時，並非只有想出名的人才要多學習關於自我行銷的原則。**「只要事情做好就能保證成功」與「謙虛是美德」這類想法，讓許多人無法出人頭地。**

無論你是創業家、上班族或自僱者，假如你無法用最搶眼的方法展現你做的事情，**假如你無法確保「對的人」聽聞你的成就，你就會被更有效行銷自己的人給超越。**

如果你是員工，你很快就會發現，懂得有效凸顯自己的同事會步步高升，把舉步維艱

的你拋在後頭。你或許會感到很辛酸，並開始抱怨這個世界（或你的老闆）有多麼不公平。或者，你可以放下自己的成見，開始進行自我批評式的分析，並且向自我行銷達人學習。在本書中，你會看見這十二位名人的故事，而他們有一個共同點：他們比任何人都了解自我行銷的重要性，而且是這個領域的天才。

本引言主要是寫給沒耐心的讀者，因為他們想盡快學到自我行銷中最重要的面向。至於比較老實的讀者，我建議你先讀完那十二個人的故事，再回來讀這段引言，以便更牢記重點。所以，要跳過接下來幾頁、直接讀第一章，還是迫不及待想學到自我行銷的最重要祕訣，由你自己決定。

本書中描寫的人物，彼此之間都天差地遠。我們的旅程從阿爾伯特・愛因斯坦（Albert Einstein）開始，他是諾貝爾獎得主，並提出了偉大的相對論；終點則是金・卡戴珊（Kim Kardashian），她是因為「美臀」而聲名大噪。

還有智力異於常人的史蒂芬・霍金（Stephen Hawking）、成績低於平均水準的拳王穆罕默德・阿里（Muhammad Ali），以及受世人愛戴的黛安娜王妃（Princess Diana）——她在學校得過的獎項，只有「最受歡迎女孩」獎盃，以及「最會照顧豚鼠獎」。

雖然他們各有不同，但他們都是罕見的自我行銷達人。不過有人可能會說，他們之所以這麼出名，只是因為他們在各自的領域都是佼佼者，或像黛安娜一樣，特別討人喜歡。

他們不是最頂尖，為什麼能最出名？

的確，本書描述的人物中，有許多人都在自己的專業領域中達到非凡成就。但假如你更仔細觀察，就會發現他們的名氣通常都大過自己的成就。以史蒂芬·霍金為例，他可能是「當代最有名」的科學家，但他自己很清楚：「對我的同事們來說，我只是另外一個物理學家，但對更廣大的群眾來說，我可能是全世界最有名的科學家。」

身為高超的自我行銷者，儘管霍金從未獲頒諾貝爾獎，但他享有的關注度遠超過許多諾貝爾獎得主。而對他的同儕來說，他也根本不是大眾眼中那個超凡的科學家。例如在西元二〇〇〇年時，《物理世界》（*Physics World*）雜誌進行問卷調查，霍金居然擠不進「十大最重要在世物理學家」。

唐納·川普（Donald Trump）喜歡吹噓他身為不動產開發商的成就，但紐約有許多不動產開發商遠比川普成功。他總是誇大自己的財富，但每年《富比士》（*Forbes*）的美國富豪排行榜，都斷定他根本沒有自己所說的那麼有錢。

穆罕默德·阿里就不一樣了。他不只是二十世紀最有名的運動員，也是無庸置疑的三屆重量級冠軍。他的拳擊成就真的很了不起，但這些也並非成就他高人氣的決定性因素。

阿諾・史瓦辛格（Arnold Schwarzenegger），史上最有名的健美先生，他過人的天賦無庸置疑。他曾贏得七次健美運動的最高殊榮——奧林匹克先生（Mr. Olympia），這是非常驚人的成績。但當時其他健美先生——包括美國運動員法蘭克・贊恩（Frank Zane）——的體格，其實都比他協調。

奧地利出身的阿諾在許多領域都非常成功，但最重要的是，他是一位傑出的銷售員。他在自傳中寫道：「**無論你這輩子做什麼事，銷售都是其中的一部分……你可以拿出最好的成果，但假如別人不知道，你就什麼都得不到！**政壇也是一樣：無論你再努力推行環境政策、教育或是經濟成長，最重要的事情就是引起大家注意。」

金・卡戴珊是現代最有名的社群媒體名人之一。她的 Instagram 追隨者超過一億六千兩百萬人（按：截至二〇二一年四月，卡戴珊的粉絲人數已超過兩億一千萬），就連自二〇〇九年起拿過六次「國際足總世界足球先生」的梅西（Lionel Messi）都輸她（按：截至二〇二一年四月，梅西的粉絲人數約一億九千萬）。卡戴珊的推特（Twitter）有六千多萬名追隨者，幾乎跟前美國總統川普一樣多（近七千四百萬），並且勝過 CNN 的新聞快報頁面（六千一百萬）。

知名美國電視主播芭芭拉・華特斯（Barbara Walters），曾經直言不諱的指控卡戴珊從來沒做過什麼特別的事情：「妳沒有真的在演戲；妳沒有唱歌；妳也沒有跳舞。恕我直言，妳一點才華也沒有！」不可否認，卡戴珊是個失敗的演員、歌手與舞者，但她的自我行銷之術極為精湛。

當然，本書也包含一些人，無論他們的自我行銷技巧如何，都已對人類歷史做出獨特的貢獻。

這一小群傑出人士當中，最有名的當屬相對論之父——阿爾伯特・愛因斯坦，但愛因斯坦是因為科學成就而成名嗎？當然不是。他的魅力迷倒了眾生，一舉一動都會上報紙頭版。雖然所有人都知道他的名字，可是幾乎沒人懂他的理論。

經常與愛因斯坦一起現身的英國喜劇演員查理・卓別林（Charlie Chaplin），是如此解釋的：「觀眾們對我喝采是因為他們懂我，可是他們對你（愛因斯坦）喝采，是因為沒人懂你。」

愛因斯坦在接受一位記者採訪時表示：「有一大群人非常喜歡我的講座與理論，但他們終究什麼都不懂。你問我是否覺得這群人很可笑？我倒覺得這場鬧劇既好玩又有趣。」

許多人並不曉得，愛因斯坦就跟本書其他名人一樣，花費許多時間與心力行銷自己。他的名氣並非突如其來，也絕非巧合。而且單憑他身為物理學家的科學成就，也無法解釋這樣的名氣，畢竟外行人根本無法評斷。

所以這些自我行銷的天才，只是高超的公關策略家或經理所操作出來的？並不是。例如安迪·沃荷（Andy Warhol），他非常樂意將藝術作品交給助手代勞，卻不會將自己的核心競爭力（自我行銷）委託給別人。

當然，這裡描寫的人士當中，有許多人僱用了專業的公關顧問（包括阿諾與川普），但顧問就只是顧問，不是名人，真正的名人是他們的客戶。因此我決定不納入某些主要靠經紀人成名的人物——像是美國搖滾歌手貓王（Elvis Presley）或「瑞典環保少女」格蕾塔·童貝里（Greta Thunberg）。

川普、賈伯斯、愛因斯坦……他們都懂得為外表註冊商標

本書介紹的十二位自我行銷天才，都非常清楚如何引起群眾關注，並將自己化為獨特的名牌。就跟所有成功的品牌一樣，他們能夠立刻被人識別，因而從同儕中脫穎而出。他們將自己外表的特質，化為顯眼的註冊商標——如同產品一般。就算是沒有高超的畫技的漫畫家，也能精準抓出像是川普、沃荷、阿諾或卡戴珊這類人的神韻。

香奈兒（Chanel）的首席設計師卡爾·拉格斐（Karl Lagerfeld）終其一生，都藉由一系列獨特的風格來建構自己的公眾形象——拉格斐品牌。他的品牌並非一夕之間或靈機一動

就建立起來——他的名氣是經年累月培養而來的。

「我不像查理・卓別林一樣會化妝。我的髮型、墨鏡都跟了我好幾年。雖然很緩慢，但我確實已變成一幅畫。」他發展自己的招牌風格，秀出一個獨特的註冊商標：露指手套、髮辮、立領、墨鏡，有時還會拿把扇子。

川普獨一無二的髮型，也讓漫畫家省事許多。他的髮型反映了他的個性：絕對稱不上好看，但很吸睛、好認。「你或許會取笑川普的髮型，但正因為他煞費苦心吹出這種髮線，再加上矯揉造作的光澤，你才能立刻認出他。」

川普的傳記作者麥可・迪安東尼奧（Michael D'Antonio）說道：「少了這髮型，他就算站在川普大廈（Trump Tower）前面也不會有人認得。但只要有這個髮型，他就會被群眾團團圍住。雖然他一開始可能並非刻意為之，但他的髮型非常有吸引力，就好像在頭頂上放了一塊告示牌。」

愛因斯坦刻意將自己的形象打造成邋遢的科學家，是個穿衣品味奇差、討厭正式服裝與領帶、不梳理自己的長髮、不穿襪子、襯衫敞開的怪咖。他的傳記作者于爾根・奈佛（Jürgen Neffe）寫道：「他完全符合前衛科學家的刻板印象，並且是攝影師、記者與其他當紅人士的理想目標，而他與這些人處於一種奇特的共生關係中。」

有一次有人問及愛因斯坦的職業，結果他自嘲的回答：「時尚名模。」謠傳愛因斯坦只要看到攝影師來了，就會用雙手弄亂頭髮，恢復身為古怪教授的典型形象。

一九五七年，安迪．沃荷動了整形手術——這在當時相當罕見。他開始戴假髮與墨鏡。即使他已經賺了許多錢，絕對有能力購買昂貴的衣服與奢侈品，他還是會將新的西裝與鞋子「做舊」再穿上，因為這才符合古怪藝術家的形象。

沃荷身穿黑色皮夾克、黑色緊身牛仔褲、T恤與高跟靴子。他的假髮是銀灰色，他的工作室「工廠」（Factory）以及「沃荷」品牌都是銀色。在某些場合，他甚至會化妝來強調自己的氣質與蒼白。

史蒂夫．賈伯斯也藉由自己的形象創造出好認的註冊商標。他在產品發表會上都穿著牛仔褲、運動鞋與黑色高領毛衣。他的毛衣是由知名設計師三宅一生設計的，而且這種毛衣他總共有一百件左右。

阿諾有肌肉，拉格斐有髮辮、墨鏡，川普有髮型，沃荷有假髮，愛因斯坦有古怪教授臉，而卡戴珊則有美臀。

二〇一一年六月，卡戴珊在倫敦贏得了《魅力》（*Glamour*）雜誌「年度女性大獎」中的「年度創業家」獎項，主辦單位對她的臀部實在太感興趣，居然真的用X光照她的屁股，看它是真材實料還是醫美產物。

卡戴珊總是能用美臀照片成功引起關注。有一次，頗具聲譽的《每日電訊報》（*The*

Daily Telegraph），甚至還報導了一張引起大量關注的照片：「二〇一四年九月，獨立雜誌《紙》（*Paper Magazine*）創造了當年（甚至可說十年來）最大的文化盛事——他們打算用一張卡戴珊的裸照來『塞爆網路』。照片中的卡戴珊，在她的美臀上放了一個香檳杯，再加上 #BreakTheInternet 標籤，立刻造成網路瘋傳。該網站一天內就獲得超過五千萬點閱數，占了當天美國所有網路流量的一%。」

不過自我行銷的鐵則之一，並不是「你的外表必須好看」，而是「你必須看起來與眾不同」。卡戴珊與瑪丹娜（Madonna）固然有魅力，但比她們漂亮的美國女性有好幾萬個。

然而霍金更高招：他成功將自己的殘疾轉化為優勢。有人問他是怎麼成名的，他回答：「有一部分是因為，除了愛因斯坦之外，科學家並非家喻戶曉的搖滾歌手；也有一部分是因為我符合殘障天才的刻板印象。我沒辦法用假髮與墨鏡來偽裝自己——因為我的輪椅會洩底。」

霍金的《時間簡史》（*A Brief History of Time*）即將出版之際，出版社了解霍金殘疾的行銷價值，於是為封面挑了一張照片：霍金坐在輪椅上，背景是滿天的星空——他自己則覺得這張照片「慘不忍睹」。

結果這本書蟬聯《紐約時報》（*The New York Times*）暢銷書榜一百四十七週，並且破紀錄蟬聯《泰晤士報》（*The Times*）兩百三十七週，之後還被翻譯成四十種語言，全球銷量超過一千萬本。

挑釁，是引起注意的最好方法

「出眾」不一定比別人好，但一定跟別人不一樣。而想跟別人不一樣，就必須懂得挑釁——本書介紹的人物都非常熟練這門藝術。安迪．沃荷的藝術家名氣，就是出自他的挑釁與分化能力。

一九六四年，他受託為紐約世界博覽會的美國展示館製作一張壁畫。這張畫本來是用來強調美國是這次展覽的主辦國——沃荷卻決定描繪美國十三大懸賞要犯。

博覽會即將開幕前，政府官員們表示不希望用這種畫作來代表美國，而展示館的建築師菲力普．強森（Philip Johnson），給沃荷二十四小時移除這張畫。於是沃荷提了一個建議——改用世界博覽會會長羅伯．摩斯（Robert Moses）的二十五張肖像畫，來代替罪犯的肖像，可是這項提議也被回絕了。最後沃荷決定用鋁漆描繪十三大懸賞要犯，並理所當然的吸引到更多注意。

川普之所以這麼成功，也是因為他鄙視社會規範、說話沒分寸、百無禁忌，以及不屑政治正確——這些特質都讓他的追隨者感到很痛快。雖然川普經常被抓到說謊，但他的追隨者卻說他很誠實，因為他總是想到什麼就說什麼：「我可以給你一個漂亮的答案，一切都平安喜樂，可是這樣就沒人在乎、也沒人會報導。或者，我可以給你一個誠實的答案，然後引起軒然大波……我認為大家已經很厭倦政治正確這件事了。」

阿里則會透過一些對外宣言與大聲的自吹自擂，刻意挑釁眾人。他認為許多觀眾去看他的拳賽，只是希望看到這個囂張年輕黑人的「帥臉被揍爛」。當時阿里也信奉「伊斯蘭民族」（Nation of Islam）組織，這個組織迥異於馬丁・路德・金恩（Martin Luther King Jr.）領導的民權運動團體，堅決拒絕族群融合，並以黑人種族主義對抗白人種族主義。

他因為拒絕軍隊徵召以及反對越戰而登上頭條。在阿里拒服兵役的宣言中，最有名的一句話是：「我跟越共之間無冤無仇。」這句話被全美國引用，並且印在T恤上，成為阿里最常被引用的名言之一。而阿里也透過這些字句，與一九六〇年代的反越戰世代站在同一陣線。

賈伯斯從來不會用大公司執行長的口氣來講話。他的溝通方式就像有遠見的政治家，或是革命運動的領袖。但他並不打算透過政治來改變世界，而是透過科技。

賈伯斯曾如此形容蘋果（Apple）的顧客：「買蘋果電腦的人確實有不同的思維。他們是這個世界的創意靈魂，想要改變這個世界。而我們專為這種人製作工具……因此我們也要有不同的思維，才能服務這些打從一開始就想購買我們產品的人。許多人都認為他們瘋了，但我們把這些瘋子當成天才。」

瑪丹娜也很清楚，挑釁與冒犯社會規範，正是建立品牌識別度的關鍵之一。瑪丹娜的座右銘是：「我寧可讓人們覺得很煩，也不願被人們遺忘。」雖然其他公眾人物都很怕負面報導，但瑪丹娜就跟川普一樣，認為負面新聞其實可以「轉正」，並拓展她的粉絲群。

她相信越多媒體說她的風格「很垃圾」、家長越強烈反對她的外表，反而會更加鼓勵叛逆的小孩模仿她……瑪丹娜的成功，完全證實她自己兒時描繪的藍圖：做出驚人之舉，而假如夠嚇人的話，大家就會議論紛紛、開始討論。**她並不在乎人們說什麼，只要他們有討論她就好**。

轉換形象，抓準風向很重要

許多自我行銷者都是因為醜聞與冒犯、挑釁的主題而出名，但後來他們會試圖修正自己的形象。歐普拉．溫芙蕾（Oprah Winfrey）就是其中一人，最開始她就是因為淫穢且庸俗的脫口秀而出名。

在當時還忌諱談論性愛的美國，低級的話題就等於高收視率——她在剛成為脫口秀主持人的那幾年學到這個道理，之後幾年便採取這樣的路線。例如有一次她邀請「陰莖超小的男性」上節目，又有一次，她的來賓能持續性高潮三十分鐘；只要是與性有關的話題，她的想像力就沒有極限：被強暴的男性；跟自己的父親生下小孩的女性；懷孕期間被虐待的女性；跟學童做愛的女老師；以及被丈夫強暴的選美皇后等。

後來她也試圖擺脫這種形象，並宣稱：「我以前談的是享受性愛與達到完美的性高潮，接著是飲食。不過九〇年代的趨勢是家庭與育兒。」她開始推出更多類似「如何建立快樂的繼親家庭」與「家庭晚餐實驗」這類話題的節目。而且她也更認真反省自己之前曾做過的節目，並且承認：「我明明在做垃圾節目，卻甚至不覺得它是垃圾，這已經令我產生罪惡感。」於是歐普拉逐漸將她的重心移至更知性的主題，甚至還創辦了「歐普拉讀書俱樂部」（Oprah's Book Club）。

阿里也是個曾改變自己形象的人，他後來開始逐漸淡化自己的政治立場，他鮮少再像以前一樣，把白人說成惡魔。雖然他依舊忠於伊斯蘭民族領袖以利亞．穆罕默德（Elijah Muhammad），但阿里不再像以前一樣，經常提起自己有多虔誠。他不再前往校園呼籲反對越戰，也停止發表煽動性的政治言論。他給人的印象就是：「之前發生過什麼事都不重要，最重要的是我樂意重返拳賽。」

阿里甚至還收回他早期那句「我跟越共之間無冤無仇」。如今他宣稱自己依舊認為拒絕徵召是對的，但是：「我不該講那句跟越共有關的話，我應該用不同方法應對徵召。根本就沒理由引起公憤。」

阿里在一九六〇年代是左翼學生的英雄，後來卻惹惱了許多之前的支持者，因為他公開支持共和黨總統候選人隆納・雷根（Ronald Reagan）——左翼人士最痛恨的人物。二〇〇五年，阿里從共和黨總統小布希（George W. Bush）手中接下「總統自由勳章」——美國最高的平民榮譽，這也證實阿里與美國和解了。

怎麼搏版面？阿諾用一條內褲讓自己登上報紙

本書描寫的自我行銷天才，都一致抱怨他們引起的關注有著不好的一面。但這條路是他們自己選的，絕非因為巧合而成名。令他們成名的關鍵之一，就是用來吸引媒體報導的公關噱頭。

安迪・沃荷是因為金寶（Campbell）湯罐頭的巨幅畫作而成名。這些畫作首次在畫廊公開展示時，活像超市的貨架，大家嘲笑他的畫作根本不是藝術，但沃荷依舊堅稱是藝術

——哪怕看起來一點都不像。

他的敵對畫廊用金寶湯罐頭疊滿展示窗，並附上一句標語：「這才是真的罐頭！」後來沃荷帶著攝影師到鄰近的超市，在真正的金寶湯罐頭上簽名，再請攝影師拍下來。新聞龍頭美聯社（Associated Press）報導了其中一張照片，使它傳遍了半個世界。

霍金總是能想出新的行銷點子，讓大家關注他的科學理論。其他科學家對於時間旅行這類主題都嗤之以鼻，就算有提到，也只是寫在學術期刊裡。但霍金有不同的想法。

二〇〇九年六月二十八日，霍金在劍橋大學的岡維爾與凱斯（Gonville and Caius College）學院舉辦了「時間旅行」派對，並播放關於時間旅行的影片，會場則布置了氣球與「歡迎時間旅行者」布條。為了確保只有「真正」的時間旅行者赴會，他決定在派對舉辦後才發邀請函，並且直到二〇一〇年，才在自己的電視節目宣布這件事。

「派對當天，我滿心期盼的坐在學院裡，但是沒有人來。我很失望，但並不意外，因為我已經向大家展現一件事：假如廣義相對論是正確的，且能量密度為正，那麼時間旅行就是不可能的。但如果我的其中一個假設有誤，我應該也會很開心吧。」

阿里搏版面的巧妙手法，也同樣令人印象深刻。他在生涯早期曾經欺騙大眾他會在水下進行訓練（由此可看出他有多少鬼點子）。一九六一年，美國知名體育週刊《運動畫刊》（*Sports Illustrated*）指派攝影師弗萊普・舒爾克（Flip Schulke）替阿里拍照。

阿里宣稱他在水中訓練的理由，就跟其他運動員訓練時穿重鞋一樣。「這個嘛，我讓水淹到我的脖子，然後在水中練習揮拳，而當我從水裡出來之後，動作快如閃電，因為沒有阻力。」

舒爾克起初很懷疑，但阿里提議讓舒爾克來參觀自己的水下訓練過程，並且替《生活》（*Life*）拍攝幾張獨家照片。於是舒爾克向《生活》推銷阿里的提議，而《生活》也很樂意專題報導阿里的非正統水中例行訓練。當然，整個故事都是阿里亂編的，但這個吹牛故事讓他成功登上美國發行量最高的雜誌。

阿諾打從青少年時期，就非常擅長用另類的方法來自我行銷。在十一月極為寒冷的某一天，阿諾沿著慕尼黑的商店街散步，全身只穿著一件三角褲。他的健美導師阿爾伯特・布塞克（Albert Busek）打電話給幾位熟識的編輯，並且問他們：「你們記得史瓦辛格嗎？就是那個舉石頭比賽的冠軍。他是健美先生，然後現在只穿著一條內褲出現在卡爾廣場（Karlsplatz）。」隔天史瓦辛格的照片就上報了。他穿著三角褲站在工地，兩旁擠滿了目瞪口呆的工人。

老布希（George H.W. Bush）擔任總統時，任命阿諾擔任政府的「健身大使」。這個職務其實沒什麼特別的，因為布希已經指派了好幾個大使來聲援各種議題，但沒有人能成功引起大量關注。而此時阿諾再度發揮了他的公關天分。

他向布希總統解釋道：「我的使命應該是出門推廣健身才對。」阿諾想要周遊五十個州，盡自己健身大使的職責，而這讓布希總統非常驚訝。「我喜歡四處奔走，與人互動並推銷東西。這正是我最擅長的。」

說出金句，媒體就會自動幫你行銷

公關的成功之道，全在於**想出既特別又好記的「金句」，以便傳達核心訊息，誘使媒體替你代勞大部分的行銷工作**，使他們按照你的意思來「編故事」。

說到創造既簡短又吸引人的頭條，黛安娜王妃絕對是大師。黛安娜王妃最絕妙的公關操作，就是接受電視專訪，暢談她與查爾斯王子（Prince Charles）的失敗婚姻。她花了幾週時間練習自己的臺詞，而訪談最終在一九九五年十一月十四日播出。

轉播當天晚上，倫敦的街道空無一人。兩千三百萬英國觀眾，一動也不動的坐在電視前面——而他們所看到的，是一場精心打造的表演，一切都恰到好處。黛安娜就像在念公關稿一樣，傳達了一些核心訊息，並且達到其預期的效果：

「我想成為人民心中的女王。」

「我們這段婚姻總共有三個人。」（指涉王子與卡蜜拉．帕克．鮑爾斯〔Camilla Parker Bowles〕的婚外情）

「我所嫁入的建制派勢力——他們打從一開始就不相信我能扮演好王妃的角色。」（談到有些人為什麼反對她）「我覺得是出於恐懼，因為這裡有一位女強人在盡她的本分，而他們不知道她是從哪裡獲得力量，得以繼續下去的？」

她說自己故事的方式，令所有受委屈的女性感同身受，民眾的回應也正如她的預期。她不但讓民眾輕易理解她的掙扎，還抱怨「建制派」認定她是失敗的王妃，因此獲得民眾的支持。雖然她並非女性主義者，卻善用了女性主義的精神——將所有針對她的批評，都說成是在反對獨立女強人用自己的方式「盡自己的本分」。

黛安娜的核心訊息達到了預期的效果。專訪播出後的那個星期三，英國《每日鏡報》（*Daily Mirror*）進行民調，發現有九二％的民眾認可黛安娜在電視上的表現。

說到接受訪問，本書描述的人物面對記者提問所採取的策略，跟其他名人慣用的方法截然不同。例如沃荷就是非常難搞的受訪者，但是跟他對談反而也有趣得多。

他會習慣性的拒絕回答問題，有時還會重複採訪者的問題，作為他的「答案」。而且他經常與對方調換角色，開始訪談他的採訪者。他的答案通常都沒什麼意義，但正因為這種非比尋常、難以捉摸且令人意外的模樣，使他成為全國媒體最愛訪問的對象。沃荷經常用「我不知道」來回答問題。以下舉幾個例子：

「請問普普藝術是想表達什麼？」「我不知道。」

「您是因為什麼契機才開始拍電影的？」「呃……我不知道……。」

「您在執導沃荷品牌電影時，扮演什麼角色？負責什麼功能？」「我不知道。我也正在搞清楚中。」

川普則會刻意發表挑釁言論，因為他知道這些話會引起媒體注意。川普解釋道：「關於媒體我學到一件事，就是他們總是渴求好故事，而且越聳動越好……重點在於，假如你有點不一樣、有點嚇人，或假如你做了大膽、有爭議的事情，媒體就會報導你。我做事總是有點不一樣，我不怕起爭議，而我的生意也都滿有野心的。」

拉格斐的簡潔妙語，也經常能引起共鳴，並因為耳熟能詳而引領世界潮流。幾乎所有人都聽過他常掛在嘴邊的名言，其中也包括一些刻薄的話，像是：「假如你穿運動褲出門，就表示你無法掌控自己的生活。」

從聰明絕頂的愛因斯坦，到有讀寫障礙的傳奇拳擊手阿里，這些人物都曾發表過詩句與短詩以吸引注意。

阿里其中一個最著名的公關噱頭，就是預測他的對手會在第幾回合倒地。在他之前，從來沒有拳擊手會這樣做，因此記者與觀眾都相當懷疑。阿里也從生涯早期就開始創作短詩，之後便成為他的註冊商標。例如他曾跟記者說：

「這傢伙一定倒地，我一回合就能搞定。」
"This guy must be done, I'll stop him in one."

有時阿里為了實現自己的預測，甚至會刻意摸魚一整個回合，令評論員覺得很不爽。可是阿里「很喜歡自己的花招」，也很喜歡因為日漸大膽的行為而引來的額外關注，而且他深信受人關注會讓他贏得更快。

他越來越像在表演，並且將預測對手倒地化為自己的獨特賣點：「我不是最偉大的拳擊手，因為我比最偉大的拳擊手還強一倍。我不只擊倒他們，還可以算準他們在第幾回合倒地。我是當今賽場上最大膽、最華麗、最優秀、最科學、最精湛的拳手。無論在哪個賽場或俱樂部，我都是唯一敢跟粉絲嗆聲的拳手。我是史上最受人關注的拳手。我會講個不停，讓記者寫到手痠。」

阿里的例子也足以證實一件事：**自我行銷的天才們，不只是對自己非常有信心，還會肆無忌憚的跟人分享這件事**。我們都很熟悉川普自吹自擂的發言。他甚至認為自己在所有領域都是最強的：「抱歉啦魯蛇與酸民，我的智商可是數一數二的！所以請別覺得自己太笨或感到不安，因為那不是你們的錯。」

歐普拉自鳴得意的宣言，甚至能與阿里或川普匹敵。例如她曾經在某次訪談中說道：「我可是很強的……強到不行。任何人都無法說出我不知道的事。我的內在靈魂會指引我……我很喜歡自己，真的。假如我不是歐普拉，我一定也會很想認識歐普拉這個人。」

書中的十二位人物，沒有一位想跟普通人一樣平凡。他們打從一開始就覺得自己很特別。一位與賈伯斯很親近的員工爆料：「他認為有少數人是很特別的——像是愛因斯坦、甘地以及他在印度結識的大師們——而他是其中一位。」

你在本書看到的人物，之所以會如此出名，絕對不是巧合，也絕對不只是他們其他成就所帶來的附加效果，他們每個人都極度渴望成名。瑪丹娜的朋友艾莉卡．貝爾（Erica Bell）回想起某次對話，她們在討論瑪丹娜最想要的東西是什麼。

瑪丹娜立刻回答：「我想出名，我想引人注目。」她朋友說她已經很引人注目了，瑪丹娜則答道：「還不夠，我想吸引全世界的目光。我希望世界上所有人不只認識我，還要愛我、愛我、愛我。」

二〇〇〇年，瑪丹娜已經非常有名了，但她卻坦承：「我現在的目標還是跟小時候一樣。我想統治世界。」又有一次她承認：「直到我跟上帝一樣出名為止，我都不會感到快樂。」

本書所有人物都持續且刻意的與其他名人為伍，因為他們都很清楚，這樣做會使自己更出名。愛因斯坦與卓別林合照；阿諾娶了甘迺迪家族的成員，而卡戴珊嫁給肯伊・威斯特（Kanye West）——世界一流的嘻哈與流行音樂人。

沃荷更是極度渴望出名，滿腦子想的都是關於成名的主題。他的其中一位傳記作者寫道：「沃荷已成為名人文化的同義詞。」而他從小就對電影有無法滿足的胃口，還會收集各種電影明星的簽名照。他會有計畫性的與名人為伍，等他名氣提升後也就更容易認識名人，進而又增加他的名氣，自此開始創造出永續的循環。

另一種提升名氣的方式，是接受名人的委託，例如他曾經替好友——滾石樂團（The Rolling Stones）的米克・傑格（Mick Jagger）製作過封面。專輯《手指冒汗》（*Sticky Fingers*）的封面非常獨特，是一件牛仔褲的正反兩面，還有一條拉鍊，可以拉下來一瞥下方挑逗人的白色內褲。

由於身懷精湛的技藝，沃荷得以善用朋友與名人的名氣來宣傳自己，並再度證明他過人的自我行銷天賦。

受大眾歡迎的原因——他們也是大眾的一分子

這些自我行銷天才，每個都賺了不少錢。雖然並非所有人都跟歐普拉（世上首位白手起家的黑人億萬富翁）一樣富有，不過他們確實賺得比同儕還多。就連愛因斯坦與霍金，雖然沒有賈伯斯、瑪丹娜或拉格斐有錢，但他們得到的財富也比其他一流物理學家還多。

儘管他們擁有大量的財富與名氣，卻總是維持平易近人的形象。川普某一本著作的編輯回憶道：「川普非常希望自己成為大名人，所以他會刻意培養自己的名氣。但他的生活方式卻意外的無趣……他從來就不是紐約的社交名流，反而比較喜歡上樓看電視。他只對自己的名氣與事業有興趣——建設、不動產、賭博、摔角、拳擊。」

就許多方面來說，川普的生活方式與興趣其實更接近一般的美國人，而非受過教育的精英。他寧願欣賞拳賽、摔角、電視實境秀，也不願泡在高雅文化、書籍或戲院裡頭。許多勞動階級的美國人都想要忠於自我——有很多錢做自己想做的事。而這正是川普所體現的事情。

這位億萬富翁說著勞動階級的語言，也有著相同的興趣；相較於因為閱讀高雅文學作品或欣賞藝術而自視甚高的知識分子，他真的截然不同。川普對於知識分子們熱中的主題毫無興趣，反而對流行文化知之甚詳。

歐普拉跟川普一樣，儘管坐擁大量的財富與名氣，但總是能建立一種形象：她不只關心一般人與他們的問題，自己也是他們的一分子。某種程度來說這是真的。歐普拉私生活中的困難（尤其是體重與飲食問題，而她的戀情也不順利），同樣也是許多觀眾努力想解決的麻煩。

就連拉格斐這個經常一臉冷漠、傲慢，帶有古代貴族氣息的人，都懂得抓到平衡點。他既能創造出舉世無雙的時裝，又能為瑞典平價時裝連鎖店H&M設計一系列服飾與香水。

他將精英主義的氣質與平等主義的價值結合在一起：「金字塔頂端的那一萬人，總是被自己的勢利眼所害。對他們而言，只有最貴的東西才夠好。然而重要的是，我們不該瞧不起『大眾』，而是要提供負擔得起的選項。就算你買的是便宜貨，也可以很時髦。」

霍金不但不排斥上電視，甚至還很喜歡接受小報採訪，令他的同儕很意外。有一次他在找出版社替他出書時，開出一個不容妥協的條件：這本書要在全美國所有機場書店上架。

儘管這些自我行銷天才有著毫不掩飾的自戀與極度的自我中心，但還是令大家覺得很親切，其中一個原因，或許是因為他們保留了一點挖苦自己的味道，並懂得拿自己開玩笑——或至少假裝一下。

拉格斐聲稱他總是第一個嘲笑自己的人，並認為對自己別太認真，會是有益身心的一件事：「每個人都會在某種情況下變得很可笑。假如你有注意的話，也會發現這一點。不過前提是你要誠實面對自己。」

本書描述的人物有許多都沒有「真正長大」。有人認為，就某些方面來說，愛因斯坦、賈伯斯、瑪丹娜、沃荷與阿里就算成年後還是像孩子一樣。他們全都極度渴望自由。他們想要過著沒有限制的生活，而且不打算要遵守社會規範。

德國新聞雜誌《明鏡》（*Der Spiegel*）曾如此形容拉格斐：「在這個演出與形象即為一切的時代，拉格斐是個先驅者。激進、自由且獨特。」這句話也可以拿來形容賈伯斯、沃荷與阿諾。

寫到這裡，我不想再透露更多自我行銷天才的祕密了。請你自己繼續讀，並發現這些人如此出名的原因。我刻意不在引言透露一些最重要的祕訣。當你讀過接下來十二章，你或許會想抄下重點自己用。如果你也想要成名，你當然可以從這些傑出人士學到許多東西，但，你不應該完全照抄。

我依照這些人物的出生日期來排序，從一八七九年出生的愛因斯坦，一直到一百零一年後出生的卡戴珊。不知道是不是巧合，本書第一個介紹的人物，他在所屬領域（物理）的成就比其他登場人物還高。最後一個則是卡戴珊，一位精通自我行銷術的女性，甚至還創造出屬於**這個世代的全新典範：名氣與傳統概念上的「成就」完全無關**。

第一章

放大你的特別，別人就會注意你的全部

「我就像童話故事中，碰什麼東西都會變成金子的角色，
因為我做過的任何事情，都會化為報紙上的喧囂。」
——阿爾伯特．愛因斯坦

愛因斯坦的傳記作者奈佛，形容這位物理學家是「科學界首位全球流行巨星」。他的公眾形象比任何人都知名，如今，愛因斯坦可以說成為了「天才」的同義詞。

當我們說某人像愛因斯坦，就是在說他有無與倫比的智力。但這位物理學家的天才之處，不只是想出相對論而已，他還比當時其他科學家更精通自我行銷之術。

大多數科學家，通常只會向其他科學家發表自己的成果。他們會在科學大會上演講，或是在科學期刊上發表。任何獲得更廣泛群眾支持的科學家，都知道自己可能會引起科學界同儕與同事的嫉妒。

就算他們真的敢把研究成果寫得很簡單易懂，也會被同儕貶為「大眾科學」。愛因斯坦正是如此，他引起其他科學家的嫉妒，「因為他們當中從來就沒有人跟他一樣出名。」

在大多數情況下，科學家會將人生奉獻在複雜的主題，一般外行人甚至根本不懂他們的成果。愛因斯坦的情況也一樣。雖然他取悅了大眾，上了報紙頭條，成為眾人的話題，但幾乎沒人能搞懂他那艱深難懂的革命性理論。愛因斯坦經常與卓別林一同公開現身（這也是自我行銷的手段之一），而卓別林提供了以下解釋：「他們對我喝采是因為他們懂我，可是他們對你（愛因斯坦）喝采，是因為沒人懂你。」

愛因斯坦有一次接受《紐約時報》專訪時自問：「為什麼沒人懂我，但所有人都喜歡我？」而在接受另一位記者訪談時，他提供了答案：「有一大群人非常喜歡我的講座與理論，但他們終究什麼都不懂。你問我是否覺得這群人很可笑？我倒覺得這場鬧劇既好玩又有趣。對此我抱持非常正面的看法，我認為正因為他們想不透，才會有神祕感，就像我在對他們施展魔法一般。」

另一位愛因斯坦的傳記作者華特・艾薩克森（Walter Isaacson）精闢的說道：「這個理論將『咦？』與『哇！』絕妙的混合在一起，足以喚起大眾的想像力。」愛因斯坦很享受這種趣味，甚至還說，就連計程車司機與餐廳服務生，都在爭辯相對論是否正確。

在一九二九年，愛因斯坦滿五十歲生日時，《紐約先驅論壇報》（*New York Herald Tribune*）的柏林駐地記者，將愛因斯坦最新研究成果的手稿，透過電報傳給編輯部，再由編輯部全部刊出。

大部分報紙的讀者或許連一段文字都看不懂，但這就是此份稿子的迷人之處。對多數人而言，正因為他們不懂愛因斯坦說的話與寫的文章，因此更加篤定愛因斯坦是史上最偉大的天才之一。

愛因斯坦被自己的高人氣逗樂了，他甚至在一首詩裡頭問道，「瘋」的是他自己，還是崇拜他的人：

無論我去哪裡、在哪裡停留，

都有我的照片在展示中。
書桌上，大廳內，
繞著脖子，或掛在牆上。

男男女女在玩奇怪的遊戲，
苦苦哀求著「請你簽名」。
他們無法忍受這位博學之人的牢騷，
卻堅持要他隨手塗鴉。

有時，圍繞在眾人的喝采中，
某些聲音令我感到困惑，
我的神志因此而清醒片刻，不禁納悶：
難道真正瘋的不是他們，而是我？

人們對愛因斯坦的狂熱崇拜，是從一九一九年十一月開始的，剛好是他發表「狹義相對論」十四年後，以及完成「廣義相對論」研究的四年後。

相對論本來只是個理論，但一九一九年五月二十九日，英國天體物理學加亞瑟・愛丁頓爵士（Sir Arthur Eddington）測量了日蝕期間的光線彎曲，實際證明了愛因斯坦的理論。

同年十一月六日，倫敦的皇家學會與皇家天文學會的共同會議發表了這些成果。愛因斯坦的傳記作者奈佛解釋道：「從這一刻開始，阿爾伯特・愛因斯坦重生了，他成為整個時代的傳奇、神話與偶像。」

蓬鬆亂髮、吐舌頭，都是愛因斯坦註冊的「商標」

一九一九年十一月七日，倫敦的《泰晤士報》報導了愛因斯坦的科學發現，首次讓更廣泛的群眾知曉這件事。但光是這樣，並無法解釋接下來幾年對愛因斯坦發展出的狂熱崇拜。而愛因斯坦出名的原因也不只是被媒體追蹤報導——他的公關策略可能比之前任何科學家都還更積極。

「事實證明，他是利用媒體達成目標的大師，就跟媒體利用他一樣。他一開始應對媒體時很笨拙，但之後越來越熟練……**他面對媒體、電臺與電影產業時的沉著，使他能夠創造出某種事物——現今的廣告商可能會稱之為註冊商標。**」

▲圖 1-1　「吐舌頭反映了我對政治的觀點。」——愛因斯坦。
photo credit：Granger Historical Picture Archive / Alamy Stock Photo

在這樣的背景下，我們必須了解愛因斯坦那張最出名的照片（圖1-1），背後有什麼故事——他對著世界吐舌頭。這張照片成為他的註冊商標，以及海報、卡片與T恤上的流行圖案。它是在愛因斯坦七十二歲生日時拍的，在原本的照片中，愛因斯坦被夾在兩個人中間。而愛因斯坦將照片裁剪成只剩他的頭，由此可見他在刻意行銷自己。他印了許多張照片，然後寄給朋友、熟人與同事。

艾薩克森問道：「如果他（愛因斯坦）沒有那頂像是被雷打到的髮型，以及那雙銳利的眼睛，他還會是科學界的頭號人物嗎？」假如他長得像德國物理學家馬克斯・普朗克（Max Planck）或尼爾斯・波耳（Niels Bohr），還會成為狂熱崇拜的對象嗎？不過，愛因斯坦的外表並非偶然，而是巧妙的自我行銷策略所產生的成果。

愛因斯坦刻意培養一種科學家的形象——不在乎穿著，討厭衣領與領帶，不梳理又長又亂的頭髮，不穿襪子，不扣襯衫的釦子。正如他的傳記作者奈佛所寫：「他完全符合前衛科學家（藝術家）的刻板印象，並且是攝影師、記者與其他當紅人士的理想目標。他與這些人處於一種奇特的共生關係中。」

有一次有人問及愛因斯坦的職業，結果他自嘲的回答：「時尚名模。」謠傳愛因斯坦只要看到攝影師來了，就會用雙手弄亂頭髮，恢復身為古怪教授的典型形象。

物理傳教士——像宗教創始人一樣募集信眾

有次，愛因斯坦造訪大峽谷，並與某位霍皮族（按：Hopi，美洲原住民部落）部落酋長聚了一會兒。這位酋長幽默的稱呼愛因斯坦為「偉大的親戚」（Great Relative），反映這位科學家的雙重角色：既是這個部落的榮譽成員，也是相對論之父（譯按：相對一詞的英文為「relativity」，跟親戚的英文「relative」相近）。

「愛因斯坦戴著羽毛頭飾擺姿勢，給攝影師拍照，可是並沒有人要他這麼做。」愛因斯坦盡其所能的培養自己的公眾形象，並吸引注意。其他科學家只在專業的科學大會上分享自己的進展，但愛因斯坦會在世界各地講課給民眾聽。

奈佛寫道：「愛因斯坦就像宗教創始人一樣，肩負著傳教與募集信眾的使命，在世界各地講課，而且座無虛席。」由於他實在太成功，位於柏林的德國外交部甚至還專門建立一個檔案，叫做「愛因斯坦教授的海外講座」。

舉例來說，某位德國的大使提到愛因斯坦的日本之行時，如此聲稱：「他的日本之行就像凱旋遊行一樣。」根據這位大使的說法：「日本所有民眾，從高官顯貴到販夫走卒，都在沒有準備與假裝的情況下，主動參與其中！」

愛因斯坦的講座持續了五個小時，「不過每個人都覺得，至少要跟這位當代大師握到手。」這位大使說道：「媒體全都在報導愛因斯坦，不過這些新聞有真有假……也有愛因斯坦的諷刺漫畫，漫畫中他抽著短菸斗，頂著一頭蓬亂的頭髮，穿著不得體的服裝……。」

《柏林日報》（*Berliner Tageblatt*）以無比激動的語氣報導了愛因斯坦造訪法國首都：「這位德國人征服了巴黎。所有報紙都印著愛因斯坦的照片，以及占據整個版面的報導……愛因斯坦風靡了大街小巷。學者、政治人物、藝術家、警察、計程車司機、服務生與扒手，都知道愛因斯坦什麼時候要講課。甚至在巴黎咖啡館接客的高級妓女，也會問她的男客：愛因斯坦有戴眼鏡嗎？時不時髦？全巴黎都認識他，而儘管巴黎人不確定到底發生了什麼，卻還是到處講。」

至於美國人，則以遠勝世界上其他地方的無盡熱情，追隨愛因斯坦的一言一行。在紐約市，群眾沿著街道站成一排，伸手去碰愛因斯坦。他就像知名運動員或電影巨星一般受人讚頌。

愛因斯坦造訪美國所造成的瘋狂現象，就跟幾十年後，風靡一九六〇年代的披頭四（The Beatles）一樣。女孩們尖叫著「愛因斯坦……愛因斯坦！」好像要把這位教授的衣服扯破一樣。上百位興奮的年輕女性聚在一起，以喇叭、吵鬧聲、歌曲、啦啦隊表演與任何她們能想到的東西，來迎接愛因斯坦。

無論他去哪裡，記者都會追著他。有次某個記者遞了一張寫了計算公式的紙給他，然後盯著他看，好似他是咬了餌的珍禽異獸，或是可能做出古怪反應的外星人。愛因斯坦某次與《紐約時報》老闆阿道夫．奧克斯（Adolph Ochs）對談時，說他把大眾對自己的興趣視為「精神病」。不過他很享受這種炒作，而且特別喜歡告訴朋友，他去逛超市的時候有多開心，因為仰慕者不會太靠近他。

「我在街上的話，每個人都會認出我，對我露齒而笑。」但他在其他場合也曾暗示自己承受不住這種歇斯底里——或許確實如此。他在其中一首詩中表達這種感覺：

信箱塞了一千封信，
所有期刊都在說他的故事，

在這種氣氛之中，他該做什麼？

他坐下來，希望能獨自靜一靜。

愛因斯坦被怪咖、好事者與陰謀論者的粉絲信給淹沒了。其中一封信寫著：「我弟弟十六歲。他很崇拜你，因此有人說他長大後可能成為愛因斯坦，所以他就不剪頭髮了。」另一封信寫道：「我必須跟你單獨談話。我是耶穌基督的繼承者。請你快一點回信。」還有一封信甚至用乞求的語氣說：「請告訴我，是不是一定要念物理學才能長命百歲？」

誇大的報導，（只）是在滿足讀者

媒體有時會編故事，以增添關於愛因斯坦與其研究成果的神祕色彩，並創造更多的傳說。有一次，《紐約時報》聲稱愛因斯坦看到有人從隔壁棟的頂樓摔下來，因此想出了相對論。

這篇報導將愛因斯坦與牛頓做比較：「他的靈感來源跟牛頓很像，只不過掉下來的不是蘋果，而是從頂樓摔下來的人。」但愛因斯坦並不覺得困擾。他寫信給朋友說，他很了解並接受新聞業的作風。他知道這種誇大只是在滿足讀者的需求而已。

然而，愛因斯坦不只是吸引群眾關注而已，而是「主動」尋求關注。他的傳記作者艾薩克森解釋道：「愛因斯坦的低調只是謠傳，不是現實。他其實可以很輕易的謝絕所有採訪、發言、拍照與公開露面。那些真正不喜歡鎂光燈的人，才不會像愛因斯坦一樣，在卓別林電影首映時陪他一起走紅毯。」

英國小說家C．P．斯諾（C.P. Snow）在私下認識愛因斯坦之後，發現愛因斯坦很享受攝影師與群眾的簇擁：「他既愛出風頭又愛裝低調。如果不是這樣，就不會有攝影師與群眾了。世上沒有比低調行事更簡單的事情。如果某人真心不想引人注目，就不會有人注意他。」

身為自我行銷天才，愛因斯坦擁有不凡的能力。美國物理學家弗里曼．戴森（Freeman Dyson）說道：「化身偶像的科學家，絕對不只是天才而已，還是表演者，懂得討好群眾並享受大眾的讚譽。」請大家務必要記住一件重要的事實：當時距今約一百年，嚴肅的人（尤其在科學領域）不但害怕被眾人關注，而且還會鄙視任何主動尋求關注的人。

愛因斯坦的朋友與同事，都再三責備他，並敦促他行事要節制一點──但他多半都無視他們的建議。

愛因斯坦有個熟人是專寫幽默與諷刺故事的作家，他宣布自己想出版一本書，內容則是與愛因斯坦之間的對話。不過愛因斯坦的一位摯友，警告他應該立刻阻止這本書出版，因為媒體會拿這件事來證實他們對愛因斯坦的指控：他是「自吹自擂的猶太人」。這位朋友指責愛因斯坦的行為像個小孩，而且在遇到類似的事情時，都聽信錯誤的建議（像是他的太太）。

對於自己如此熱愛自我宣傳，愛因斯坦的解釋是，雖然沒必要瘋狂崇拜某位人物，但他算是正面的例子，因為在唯物主義的時代中，只要一個人的企圖心全部投注於智力與道德領域，人們就會將他捧為英雄，因此愛因斯坦的做法是眾人樂見的發展。

愛因斯坦對於自我宣傳的過度著迷，也導致了他與亞伯拉罕・弗萊克斯納（Abraham Flexner）的嚴重衝突。

弗萊克斯納是美國普林斯頓高等研究院（按：Institute for Advanced Study，提供各領域科學家做最純粹的尖端研究科研機構，能夠保障所有科研人員不受任何教學任務、科研資金或者贊助商壓力限制，簡稱ＩＡＳ）的創辦人，在愛因斯坦因希特勒崛起而移民美國後，弗萊克斯納邀請他來普林斯頓教書。

因為愛因斯坦極度渴望受到關注，令弗萊克斯納覺得很厭煩，於是寫了一封尖銳的信給愛因斯坦的太太：「就我看來，愛因斯坦教授根本不應該做這種事。這會傷害同事對他的評價，因為他們會認為他想譁眾取寵，而且我不知道該怎麼替他說話。」

弗萊克斯納擔心愛因斯坦的行為，可能會激起反猶太主義者的怨恨。畢竟在反猶太主義者的刻板印象中，自我行銷與自我宣傳都是典型的猶太人特質。弗萊克斯納邀請愛因斯坦來普林斯頓，本來是希望他安安靜靜的做研究，結果這位賓客卻不斷譁眾取寵，並參加社交與政治活動。

弗萊克斯納氣到寫了一封正式的信給美國總統，並在信上強調：「今天下午我覺得自己一定要向您的祕書解釋，愛因斯坦來普林斯頓，是為了要在隱蔽的地方進行研究，因此我絕對不會破例，讓他從事必定引人注目的活動。」

弗萊克斯納甚至還發布一道命令（而且沒告知愛因斯坦），以後愛因斯坦的所有邀約都要經過弗萊克斯納同意。愛因斯坦得知這件事後勃然大怒，寫了長達五頁的信給好友史蒂芬．懷斯（Stephen Wise），寄件地址則寫著「普林斯頓集中營」。

愛因斯坦就跟許多成功的自我行銷者一樣，也把自己定位為叛逆者。他做的所有事情，幾乎都是在刻意挑釁，而且假如他認為某些規範很荒謬，就不會服從：「愛因斯坦反抗任何類型的威權架構：反抗嚴格的校規；反抗中產階級生活的繁文縟節；反抗穿著規定之類的習俗；反抗宗教與物理學的教條；反抗軍國主義、民族主義與政治意識形態；反抗老闆與僱主。」

愛因斯坦的自我宣傳策略中，有一個很重要的手段，那就是他想出的上百句格言與詩句。其中有許多句子至今還經常被引用。

格言與詩句，都是行銷自我價值觀的策略

德國詩人特奧多爾．馮塔內（Theodor Fontane）曾說過：「好的格言必須用一句話囊括一整本書的智慧。」而愛因斯坦是真正的格言大師。他藉由恰當、驚人與詼諧的措辭，組成簡潔且富啟發性的句子，以表達自己的世界觀。

以下是他針對一些議題所發表的看法：

「對於小事不追根究柢的人，就不能委以重任。」

「所有科學都是從日常思考提煉出來的。」

「小孩不聽父母的人生經驗，國家無視歷史。慘痛的教訓總是一再重複。」

「婚姻是試圖讓感情撐過波折的失敗之舉。」

談到心理分析學的話題時，他則表示：「我非常樂意繼續待在暗處而不被分析。」

《紐約時報》有個記者請愛因斯坦評論他自己寫的書，而他卻唐突的回答：「我要對這本書說的話，都可以在書裡找到！」

愛因斯坦對自己非常有自信。他的好友兼醫生古斯塔夫．巴奇（Gustav Bucky）說道：「他是上帝，無所不知。」愛因斯坦甚至在達成偉大的科學研究前，就已經有強烈的正面自我意象。

他臉皮厚到曾經私下寄一份未完成的論文給當時的知名物理學家，也曾經寫信給另一位科學家，請他「留意自己犯的錯誤」。這兩種行為都嚴重冒犯了基本禮節，一般來說研究生不敢這麼做。

在第一次試圖完成博士論文的期間，愛因斯坦跟指導教授鬧翻了。他主要是利用空閒時間發展他的「狹義相對論」。由於在學術界難以升遷，他別無選擇，只好在專利局上班，一週工作四十八小時。

許多「愛因斯坦專家」都強調一件事：就情感面來說，愛因斯坦從來沒有真正長大過。哈佛心理學教授霍華德．加德納（Howard Gardner），形容愛因斯坦是「永遠的孩子」，而德裔美國心理分析學家愛利克．艾瑞克森（Erick Erikson），得到的結論也與加德納相同，他稱愛因斯坦為「勝利的孩子」。

傳記作者奈佛認為，愛因斯坦到過世前都保留著一些童心——本書中描寫的自我宣傳大師也都有這種特質，像是賈伯斯、阿里與川普。

善用自我行銷，能幫你傳達想對世界說的話

愛因斯坦隨著年紀增長而逐漸涉入政治。更重要的是，他是堅定的和平主義者與錫安主義者（按：猶太人發起的一種民族主義政治運動和猶太文化模式，旨在支持或認同於以色列地帶重建「猶太家園」）。但他就連參與政治活動，都特別喜歡與主流民意作對，以及用爭議性觀點來挑釁別人。

難道參與政治活動也是自我行銷策略的一部分？或者自我行銷策略只是一種手段，目標是讓大家關注他對現實世界的憂心？

關於自己的科學發現，愛因斯坦一定有意識到一件事：儘管他的訪談與講座不計其數，但他永遠無法向一般人解釋理論的深遠影響。人們有時對於愛因斯坦的「相對論」有著完全錯誤的概念，許多人會將它與完全無關的事物聯想在一起。

人們可能聽過「相對論」這個詞，卻對它一無所知，這絕對是很正常的事。這個理論不管是誰都很難搞懂，雖然受到某些人的質疑，但也有人將它捧為救世教義，利用它作為

自己的手段，並拿它證明自己在政治與哲學方面的意識形態與理論。

愛因斯坦非常聰明，鐵定知道沒辦法向廣大的群眾解釋理論的內容。因此，他的自我行銷策略，不太可能是設計來解釋他的科學發現。

但他的爭議性政治立場呢？如果將其解讀為吸引更多關注的手段，對愛因斯坦就不太公平。尤其和平、社會正義與錫安主義的目標，都是愛因斯坦真心關切的議題。

不過，他的政治行動主義，確實讓自己的品牌形象更加鮮明，並提升他的大眾關注度。反過來說，愛因斯坦的公眾形象也有助於傳播他的政治訊息。所以愛因斯坦的自我行銷與政治使命，兩者是相輔相成的。

愛因斯坦成名的藝術

- 在世界各地講課與現身：愛因斯坦曾去過無數個國家，並講授他的科學理論與政治主題。
- 積極的媒體關係：愛因斯坦與媒體代表、記者，培養出非常親密的關係，並利用這些關係來做公關與自我行銷。有一次他寫信給朋友麥斯．伯恩（Max Born）：「我就像童話故事中，碰什麼東西都會變成金子的角色，因為我做過的任何事情，都會化為報紙上的喧囂。」

- 針對性的挑釁與觸犯社會規範：愛因斯坦喜歡用特異的觀點來引起公憤，並違逆主流意見，因為這樣做會吸引大量的注意。
- 以他的獨特外表建立品牌形象：愛因斯坦刻意讓外表符合「古怪卻傑出的教授」這個刻板印象，包括蓬亂的頭髮，以及故意穿得很邋遢（例如不穿襪子）。
- 照片：愛因斯坦戲稱自己是「時尚名模」。他刻意利用不正經照片的影響力來建立品牌。最有名的例子就是吐舌的照片，他把照片寄給朋友與熟人，因為它完全體現了愛因斯坦的挑釁形象。
- 格言：他寫的格言與詩句，是他與世人溝通的重要管道。這些格言與詩句也被媒體報導，成為自我行銷策略的關鍵。

第二章

製造反差，別人就會記住你

「在未來，每個人都能成名 15 分鐘。」

——安迪．沃荷

根據Google 排名團隊的分析，安迪・沃荷是史上五百大名人之一，也是過去六十年來唯一真正出名的藝術家。而且甚至早在他在世期間，他的作品就已經打破拍賣紀錄並登上頭條。

沃荷原本是廣告圖像設計師，他成為藝術家的突破契機，是一九六二年夏天，在美國洛杉磯費魯斯畫廊（Ferus Gallery）舉辦的「三十二罐金寶湯罐頭」（32 Campbell's Soup Cans）展覽。他的作品從一開始就是很有創意的公關手法。大號的湯罐頭畫作沿著畫廊的牆壁排列，就像超市的貨架。

首次公開展出時，沃荷遭到嘲笑，但仍然堅稱他的畫作是藝術——哪怕看起來一點都不像。而他的敵對畫廊則用真罐頭疊滿展示窗，並附上一句標語：「這才是真的罐頭！」後來沃荷帶著攝影師到鄰近的超市，在實體的金寶湯罐頭上簽名，再請攝影師拍下來。新聞龍頭美聯社報導了其中一張照片，使它傳遍了半個世界。

沃荷的宣傳天賦，使他的湯罐頭圖畫早在展覽前就已經成為話題。一九六二年五月十一日，《時代》（*Time*）雜誌刊出一篇文章介紹普普藝術（按：pop art，又稱為波普藝術或通俗藝術，是探討通俗、大眾文化與藝術之間關連的藝術運動）的畫家（羅伊・李奇登斯坦〔Roy Lichtenstein〕、詹姆斯・羅森奎斯特〔James Rosenquist〕與沃荷）。

這篇文章附上一張照片：沃荷站在一張巨大的湯罐圖之前，用湯匙從真正的金寶罐頭

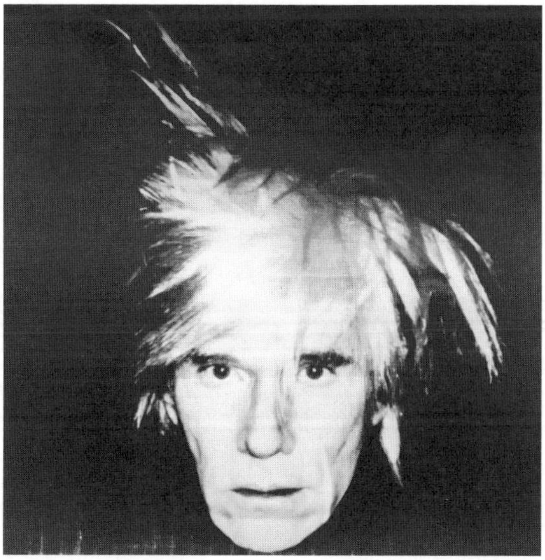

▲圖 2-1　安迪 ・ 沃荷的自畫像。正如他的傳記作者所說，這位普普藝術家已經成了「名人文化的同義詞」。
photo credit：Peter Barritt / Alamy Stock Photo

舀起湯。他的傳記作者安妮特．史波恩（Annette Spohn）形容這是「最高明的行銷噱頭，再度證明沃荷非常了解廣告的法則，並知道怎麼利用它們達成自己的目的。」短短八年後的一九七〇年，他其中一張金寶湯罐頭畫作，成為當時「在世美國藝術家」作品中價格最高的。

美國知名藝評家約翰．佩羅（John Perreault）寫道：「對數百萬人來說，沃荷就是藝術家的化身。蒼白的膚色、銀白色的頭髮、墨鏡與皮夾克，結合成難忘的印象，如果再加上轟動的頭條就會更有效果……可以這麼說，沃荷最偉大的藝術創作，就是『安迪．沃荷』。」**沃荷跟其他藝術家不同，他知道怎麼將自己化為品牌**（圖 2-1）。這就是他最精湛的藝術。

沃荷相信媒體的全能力量，並深知如何泰然自若的利用它們。沃荷在一次訪談中解釋道：「沒有人能逃過媒體的耳目，媒體影響了所有人，它是非常強力的武器。喬治．歐威爾（George Orwell）在他充滿遠見的小說《一九八四》中寫著：『老大哥正在看著你』，就已經預言了媒體的力量。」

作品讓人代勞，安迪・沃荷只要簽名就好

沃荷非常專注於他的關鍵能力，也就是行銷自己。他通常會將藝術作品交給助手代勞，自己只掛名。傳記作者史波恩寫道：「沃荷的授權功力，幾乎跟他的行銷術一樣天才。」大家通常很難分辨某張「沃荷的畫作」是誰畫的——有可能是沃荷自己，也有可能是他眾多助手之一。他的做法無異於德國文藝復興時期的藝術家老盧卡斯・克拉納赫（Lucas Cranach the Elder），或義大利大師李奧納多・達文西（Leonardo da Vinci）。

也因為這樣，安迪・沃荷視覺藝術基金會（Andy Warhol Foundation for the Visual Arts）設立了自己的鑑定委員會，並且做出結論：如果沃荷想出一件作品的概念，然後請別人絹印出來；或者他親自監督製作流程，並確認成品是他想要的，那這件作品就是沃荷「創作」的。但這並不表示署名「沃荷」的作品就一定是這樣。他自己在訪談中就有提到，別人會替他畫圖。

他在很多場合都堅稱，作品不需要由藝術家親自創作。藝術家只要等作品從生產線完工後再簽名就夠了。正因為這種哲學，沃荷將自己的工作室稱為「工廠」（The Factory）。他經常會將製作步驟的執行、作品的各部分、或整幅作品，交給助手處理。

「文藝復興時期的做法，是將作品的一部分、或整個作品交給別人代勞，而沃荷不但重新將這種做法正當化，還青出於藍；所謂的『創作』，變成只是構思出來之後交給助手執行而已。」

然而，沃荷的「工廠」並沒有真的仿效文藝復興時期的畫室體系，而是採用現代改良版——好萊塢式工作室體系。

另一位傳記作者蓋瑞．印第安納（Gary Indiana），將他與好萊塢製片人歐文．托爾伯格（Irving Thalberg）相比。托爾伯格會以果斷的方式參與創作與最終成果，卻不碰實際的製作流程。

美國作家韋恩．柯斯頓鮑姆（Wayne Koestenbaum），形容沃荷的創作方式就像畢卡索（Pablo Picasso）與亨利．福特（按：Henry Ford，福特汽車創辦人）的混合體：「沃荷發現他只要一邊請助手代勞作品、一邊招攬生意，就能賺更多錢，後來他的生產力也就提升了。這種便利性背後的獨到見解，使他化為畢卡索與福特的混合體——他領悟到畫室可以透過機械化複製與減少手工作業，轉變為一間工廠。」

就連親自執筆的時候，沃荷也經常向別人請求靈感：「我從來就不恥於問別人：我該畫什麼？」而他拍電影的方法也跟畫圖一樣。其中一位「超級巨星」如此形容拍攝現場的氣氛：「是誰拍的或是誰『執導』的並不重要。只要安迪在現場，就是安迪的片子。」這位演員說安迪唯一的指示，就是跟他咬耳朵：「情節太多了！」有些沃荷電影的內容，就只是一個人睡覺好幾個小時，而且攝影機的角度固定不變。

沃荷反覆給大家一種印象：他想讓自己變得多餘。公開露面的時候，他通常會讓替身演員——艾倫．米蓋提（Allen Midgette）來代表自己。沃荷受邀去大學講課時，就曾請這位演員代替他出席；又有一次，他甚至宣稱自己會被機器人取代。

沃荷常說任何人都可以畫他的畫作，而用替身代替自己、或複製自己，這種概念也完全符合他說過的話：「大家只要觀察作品的表面，就可以得知關於我的一切，這些作品背後並沒有其他東西。」

眾所皆知，沃荷宣稱自己想成為「機器」，而這也體現出了他產出作品時的機械化複製技術。當然，正如公關天才沃荷的預期，媒體識破了這個「替身術」，於是沃荷又編了其他新故事給媒體去追。

謀殺、糞作、通緝犯，一切都能起爭議

沃荷很擅長使自己成為眾人關注的焦點。他的其中一個方法就是挑釁。一九六四年，他受託為紐約世界博覽會的美國展示館製作一張壁畫。這張畫本來是用來強調美國是這次展覽的主辦國——沃荷卻決定描繪美國十三大懸賞要犯。

博覽會即將開幕前，政府官員表示他們不希望用這種畫作來代表美國，而展示館的建築師強森，給沃荷二十四小時移除這張畫。其中一個理由，據說是因為紐約州長納爾遜·洛克斐勒（Nelson Rockefeller）害怕這些罪犯（多數是義大利血統）的照片會觸怒他的諸多選民，進而損害他的支持度。

於是沃荷提了一個相反的建議——用世界博覽會會長摩斯的二十五張肖像畫，代替罪犯的肖像。可是這項提議也被回絕了。最後沃荷決定用鋁漆描繪十三大懸賞要犯，並理所當然的吸引到更多注意。

沃荷剛開始他的藝術家生涯時，就已經發現**爭議是引起關注的有效方法**。一九四九年匹茲堡藝術家協會的展覽上，他交出一張畫：一個男孩將一根手指塞進鼻孔裡。這張畫的名稱是〈我的臉是老天給的，但我可以挖自己的鼻孔〉（*The Lord Gave Me My Face, But I*

Can Pick My Own Nose）。負責決定出展畫作的評審委員會，由於無法判定這幅作品到底是神作還是糞作，最後便決定不展示它。後來有人形容這是「安迪的首次臭名遠播」。

沃荷是個公關天才，總是在思考該怎麼將自己生活中的事件化為媒體報導。一九六八年六月三日，沃荷險些遭到謀殺。一位激進的女權人士拔出兩把手槍，朝他射了好幾槍。這位女性說她攻擊沃荷是因為：「他的權力太大，已經影響到我的生活。」

沃荷受到重傷，並被宣判臨床死亡，但經過數小時的手術後，他活了下來。在出院之後，他就立刻思考該怎麼藉由媒體會喜歡的方法，行銷這次刺殺舉動與結果。

沃荷身上留有許多傷疤，他決定請知名肖像攝影師理查·阿維頓（Richard Avedon）拍攝他的身體，也請肖像畫家愛麗絲·尼爾（Alice Neel）畫下來。他對於槍傷的評語堪稱傳奇名句：「傷疤多到讓我的身體看起來像迪奧（Dior）的洋裝。」

沃荷不但是個怪咖，還把這種形象培養成他最強的能力。他說：「無論誰來到『工廠』，無論他外表有多奇怪，我都會請他脫下褲子，這樣我就能拍攝他的雞雞與蛋蛋。有人出乎意料的答應了，但也有人不給拍。」他不但會讓其他男性觀看，有時還一次讓好幾個人一起入鏡。

就跟其他自我行銷天才一樣，他想盡辦法用自己的服裝與外表來打造獨特的品牌。打從生涯初期，他就深知自我戲劇化的價值。他總是穿著黑色高領毛衣，強調自己的蒼白臉部肌膚與顯眼的紅鼻子。

一九五七年，沃荷動了整形手術——這在當時相當罕見。他開始戴假髮與墨鏡。即使他已經賺了許多錢，絕對有能力購買昂貴的衣服與奢侈品，他還是會將新的西裝與鞋子「做舊」再穿上，這樣才符合古怪藝術家的形象。

沃荷身穿黑色皮夾克，黑色緊身牛仔褲（還有褲襪），T恤與高跟靴子。他的假髮是銀灰色，他的工作室「工廠」，以及「沃荷」品牌都是銀色。在某些場合，他甚至會化妝來強調自己的氣質與蒼白。

後來他又換了新的招牌造型，改穿天鵝絨夾克、花俏的襯衫、領帶與高跟鞋。他的座右銘變成：「每個人都穿回漂亮的衣服。嬉皮外型真的消失了。」

害羞又愛現，矛盾可以創造謎樣的魅力

與本書描寫的某些自我行銷者（例如阿里或阿諾）不同的是，沃荷並不是高調、極度外向的人。他甚至經常被別人說很害羞。

他早年的室友與朋友如此形容他：「古怪、神經兮兮、有魅力，但非常害羞。他在人

群中唯一會說的話，就是輕聲細語的『嗨！』。他會花好幾個小時坐在公寓裡，像機器人一樣畫著圖，任由周圍的話語聲迴盪……他是一個不擅言辭、完全不開口的年輕人。」

他的助手維托・賈洛（Vito Giallo）透露：「就算他有時很害羞、沉默寡言，但其他人都想跟他說話。而他只會聽對方說。他一直都是這樣，不做任何評論，沒什麼話想說，但大家都喜歡他。」

但僅用「害羞」形容沃荷，對他來說並不公平。作家柯斯頓鮑姆則講得更精確，他形容沃荷的個性既害羞卻又愛現，形成強烈的對比與雙重性：「對某些旁觀者來說，沃荷似乎很安靜、被動、緊張——好像在隱藏自己的本性；另一方面，他又以愛現為樂（只要有別人陪他一起愛現的話）。在訪談沃荷的朋友時，我發現他們都既羞怯又愛現，形成強烈的對比，令我開始覺得這種雙重性反映了安迪自己的個性。」

這正是沃荷的特色。在公開場合或當面對話時，這位藝術家通常都沉默寡言，然而傳記作者印第安納在書中寫道：「他其實很愛講話，你只要接過他的電話，就知道他有夠喋喋不休，而且他還有種狂熱，會把當面或電話上講的事情，全部寫下來並公諸於世。」

這種矛盾，這種害羞與愛現的古怪結合，構成了謎樣的形象，而這是刻意培養出來的。其他藝術家都會盡全力解釋自己的作品，並將自己的想法告訴大家。但沃荷拒絕這樣做。

他有許多藝術方面的革命，都是源自於他將日常消費商品（湯罐頭或可樂瓶）轉變為代表性的藝術品。從來就沒人曉得，他到底是想表達對這些產品的喜愛，還是厭惡？他是以左翼分子的角度批評美國猖獗的消費主義，還是為之著迷？——或是兩者皆有？印第安納表示，沃荷創造的表面形象「對大眾來說就是個難解的謎團」。

沃荷再三強調，他的作品一看就懂，並沒有隱藏的意義。「其他普普藝術家則非常樂意解釋作品本身，以及自己試圖表達什麼。」印第安納說道：「因為不做這類解釋——更精確來說，是用簡短、滑稽、精闢與矛盾的詞句來代替浮誇的宣言——沃荷成為普普藝術最清高、最有名的模範，也是唯一享譽全國、最後揚名國際的普普藝術家。」正如印第安納的解釋，任何對於沃荷作品的解讀，都只是觀者的看法。沃荷甚至堅稱自己的作品並沒有要表達任何事情。

受過教育的精英會高談闊論：藝術家希望透過作品表達什麼？作品中有什麼祕密訊息可以解讀？它揭曉了作者哪些心境？然而沃荷並不想只靠這樣出名。

沃荷很清楚，如果他創作一看就懂的作品，會比較容易出名與賺大錢。這些作品本身就很美了，不必「代表」任何事情。「它們揭曉的事情其實就只是這樣：從超市貨架拿下來的湯罐頭所保有的平凡氣息，本身就很美了。」

對採訪者而言，沃荷是非常難搞的受訪者，但是跟他對談反而有趣得多。他會習慣性的拒絕回答問題，有時還會重複採訪者的問題，作為他的「答案」。而且他經常與對方調換角色，開始訪談他的採訪者。

他的答案通常都沒什麼意義，但正因為這種非比尋常、難以捉摸且令人意外的模樣，使他成為了全國媒體最愛訪問的對象。編輯肯尼思・戈德史密斯（Kenneth Goldsmith）在《我要做你的鏡子：安迪・沃荷採訪選錄》（*I'll Be Your Mirror: The Selected Andy Warhol Interviews*）一書中，收集了許多沃荷經常在訪談中出現的意外轉折。沃荷經常用「我不知道」來回答問題。以下舉幾個例子：

「請問普普藝術是想表達什麼？」「我不知道。」

「您是因為什麼契機才開始拍電影的？」「呃……我不知道……。」

「您在執導沃荷品牌電影時，扮演什麼角色？負責什麼功能？」「我不知道。我也正在搞清楚中。」

沃荷會在訪談中給出瘋狂、挑釁與出乎意料的回答，而他也將這種習慣化為自己最顯著的註冊商標。一九七〇年代曾出版一本藝術家名言集，內容為藝術家們被問及他們對其他知名藝術家的看法。

當沃荷被問及美國抽象表現主義畫家巴尼特・紐曼（Barnett Newman）的重要性時，他回答：「關於巴尼特，我只知道一件事，就是他參加過的派對比我還多。」而被問到他對畢卡索的看法時，他說：「啊，我唯一能想到的就是他的女兒帕洛瑪（Paloma）……我很高興他能有像帕洛瑪這麼棒的女兒。」

關於普普藝術的先驅賈斯珀．瓊斯（Jasper Johns），他只能想到：「喔……呃，他的午餐煮得很好吃。他會把荷蘭芹塞進雞肉裡。」而有時他也會利用訪談的機會，跟訪談者調情，甚至直接進行性挑逗。

提升名氣，要善用複利效應

沃荷拒絕接受規則，正是他孩子氣的表現。就像其他自我行銷天才一樣，他從來沒有真的長大過。如他的傳記作者所說：「沃荷過人的才智，被八歲小孩的情緒給扭曲了。我們承認他的見解與機智；但他確實非常不成熟。他很了解人性，卻又無法維持成熟的人際關係。」

就算長大了，他也不想擺脫自己孩子般的依戀——這也使他自己成為永遠的小孩。而同樣驚人的是，他跟母親同住一間公寓，直到她過世為止。

沃荷極度渴望出名，滿腦子想的都是關於成名的事。他的其中一位傳記作者寫道：「沃荷已成為名人文化的同義詞。」他會有計畫性的與名人為伍，而等他名氣提升後就更容易認識其他名人，進而又增加自己的名氣，自此開始創造出永續的循環。

而派對在他的生活中更是扮演著至關重要的角色：「一方面，受到邀請就代表他很紅、很時髦，另一方面，這些邀請對他而言是可以認識名人的機會——這是他童年時期的大夢想，也一直都是他的生活重心。」

另一種提升名氣的方式，則是接受名人的委託，例如沃荷曾經替好友——滾石樂團的傑格的唱片公司工作過。專輯《手指冒汗》的封面非常獨特，是一件牛仔褲的正反兩面，還有一條拉鍊，可以拉下來一瞥下方挑逗人的白色內褲。

由於身懷精湛的技藝，沃荷得以善用朋友與名人的名氣來宣傳自己，並證明他過人的自我行銷天賦。

他逐漸走進名人圈，親近各類魅力十足的電影明星、政治人物、時尚教主、知名音樂人與名流。與他來往過的人包括伊莉莎白・泰勒（Elizabeth Taylor）、賈桂琳・甘迺迪（Jacqueline Kennedy）、莎莉・麥克琳（Shirley MacLaine）、帕洛瑪・畢卡索、亨利・季辛吉（Henry Kissinger）、吉米・卡特（Jimmy Carter）、伊夫・聖羅蘭（Yves St. Laurent）、黛安娜・羅絲（Diana Ross）、皮爾・卡登（Pierre Cardin）與約翰・藍儂（John Lennon）……。一方面，沃荷是他們的一員，但另一方面，他也總是與他們保持距離。他通常會帶著相機與卡式錄音機，記錄各種影像與聲音。

沃荷選擇作品主題的時候，總是會細心考慮它們能激起多少媒體聲浪。在他第一次於紐約舉辦大型展覽時，展出了瑪麗蓮．夢露（Marilyn Monroe）、貓王與各種意外事故（例如車禍）的畫作。

他選擇瑪麗蓮．夢露與貓王，是因為他們是數百萬美國人的偶像，而且每個人都認識他們。他創作與展示肖像的時機都抓得非常精準。瑪麗蓮．夢露於一九六二年八月四日過世，幾天過後沃荷就取得這位演員的照片。他二話不說，把這張照片的下半部（胸部部分）剪掉，並以此為範本做了一張絹印版畫，開始大量製造。

他在生涯後期接到了許多名人的委託，這些人都想請沃荷替自己製作肖像。以現今的觀點來說，兩萬五千美元的價碼不算太高，但經過通膨調整，每張畫的價格等於現在的十六萬五千美元。

從一九七〇年代開始，他每年都製作五十到一百張這樣的肖像畫。他的買主大多數都是名人，但就算沒沒無聞的人，只要出得起這個價碼，沃荷也會替他製作肖像。

沃荷唯利是圖的作風，逐漸引起藝術界的撻伐。評論家覺得他在藝術方面毫無長進，只會在固定的系列作品中一直重複。

「他受託繪製的肖像都是隨便拼湊出來的，醜到不像話，只有毫無特色、死氣沉沉的色塊，以及厚重塗抹的隨興筆法。」

的確，沃荷自從遇刺之後，他就失去了大半的創作能量。他的藝術家地位也一直受到質疑，但名氣，卻從來沒減少過。

安迪．沃荷成名的藝術

- 激進的觸犯一般人接受的規則：他畫出超大的湯罐頭，並稱它們為藝術。
- 有創意的公關構想：當敵對畫廊展示真正的湯罐頭以嘲笑沃荷的作品，他帶著攝影師前往鄰近的超市，然後在真正的湯罐頭上簽名。拍下來的照片傳遍了世界各地。
- 宛如機器的藝術家，宛如工廠的畫室：沃荷有許多作品都交給助手製作，等到作品離開生產線後，再簽上名字。他專注於自己的核心能力：將自己構築為品牌。
- 沃荷受邀演講與參加派對時，有時會派替身代替自己——這樣他就算不在場，也可以參與對話。
- 挑釁：當他受委託提供作品給世界博覽會的美國展示館時，他將美國十三大懸賞要犯的肖像排列在牆上。面對隨之而來的流言蜚語，他的回應方式是將所有肖像都噴上銀漆，因此再度成為話題。

- 利用生活中所有面向來自我行銷，連傷疤都不放過：遇刺之後，沃荷全身都布滿槍傷，卻決定請知名的肖像攝影師拍攝他遍體鱗傷的身體，也請來肖像畫家作畫。
- 沃荷對名人非常著迷，喜歡藉由與他們為伍來增加自己的名氣。
- 打破訪談的規則：沃荷在訪談中通常會給出驚人的回答。有時他還會反過來訪談對方、進行性挑逗，或者只給沒意義的回答。
- 將自己的外表化為品牌特徵之一，例如戴銀色假髮以符合品牌的顏色。
- 培養出高深莫測、難以捉摸與矛盾的形象：每逢週日就會上教堂，卻也會拍色情片；身為藝術家卻宣稱自己的作品是別人畫的。
- 沃荷的表面形象既極度害羞卻又愛現到不行，這種古怪的結合使他成為高識別度的品牌。

第三章

你要很自戀，也要懂自嘲

「我不看自己的舊作，我對自己的過去不感興趣，我感興趣的只有今天，甚至是明天。」

——卡爾．拉格斐

許多人透過專業來定義自己，而卡爾．拉格斐也會對外自稱「專業人士」——與「業餘人士」相反。但他的專業太多了，所以只用其中一種面向評價他就有失公允。

他在某次訪談中說過，沒有任何職稱可以形容他做過的所有事情。「他的專業就像變色龍一樣，一直在變。」作家保羅．薩納（Paul Sahner）在傳記《卡爾》（*Karl*）中如此形容拉格斐的多方面長才。

「時尚設計師、頂尖模特兒星探、攝影師、室內設計師、調香師、創業家、默片製作人、莊園主人、畫廊老闆、作家、瓷器收藏家、廣告大師、公關專家、出版人與書店老闆。」拉格斐就是拉格斐，他將自己打造成品牌，並以自戀為信仰。

根據薩納表示，拉格斐的座右銘是「我、我自己與我」（Me, myself and I）。拉格斐解釋道，他在人生路上已逐漸將自己變成一幅諷刺畫與抽象概念：「我已經不是人了，而是一種抽象概念。我既是人偶也是操偶師。而我喜歡這樣。俗世的問題與我無關。」

有一次拉格斐語帶同情的問候一位記者：「我以前跟你一樣，是個凡人。」然而他從來就不想跟所有人一樣，只是個凡人。「我不再覺得自己是人了。」

有些話由別人說出來會很奇怪，但只要是拉格斐說的，我們就可以接受，或許是因為他很會自嘲。有一次他因為節食瘦了四〇%的體重而自豪，但他事後也說：「當我一絲不掛的站在鏡子前，我看到一具醫學院學生解剖過的骷髏。」

自嘲，讓拉格斐可以傲慢的對待世界

拉格斐聲稱他總是第一個嘲笑自己的人，並認為對自己別太認真，會是有益身心的一件事：「每個人都會在某種情況下變得很可笑。假如你有注意的話，也會發現這一點。不過前提是你要誠實面對自己。」

他不怕任何人用他之前說的話跟他對質、或指出他邏輯不一致之處。他再三強調自己說的話只適用於他說出來的當下，藉此避免自己被批評。「請別太把我的話當真。我今天講了什麼，說不定明天就忘了。明天我就是完全不同的人。」

拉格斐是真的希望大家別對他太認真、也別太關注他的意見嗎？這很令人懷疑。對拉格斐來說，自嘲就是一種自我行銷的策略。因為這樣他就可以稍微展現自己的傲慢與勢利——這種態度本來是任誰都無法接受的。

拉格斐曾說，如果要寫自傳，他想用英文寫，而且絕對不允許翻譯：「如果法國人與德國人想讀我的自傳，卻不懂英文，我只能說，這本書不是給他們看的！」

又有一次他說道，既然出差都是由對方公司出錢，他一定會搭私人專機前往。「假如我對某人來說，不值得一趟私人專機的錢，我就不去了。我可以自由決定。而且這樣也能證實那家公司是否重視我本人與我的工作。」否則他寧可待在家裡看書，或什麼也不做。

所以卡爾・拉格斐是誰？他一九三三年出生於德國漢堡市，但真正的出生日期卻是個謎。拉格斐從小就曾被別人說：「你很獨特。」個性毫不謙虛的他承認：「我也覺得這句話是對的。」

學生時代的拉格斐就想跟同學不一樣，哪怕被別人取笑也無所謂。當他抱怨自己被同學嘲笑時，他的母親說道：「你有照過鏡子嗎？是你自己的錯吧。」拉格斐承認：「她是對的。其他男孩子都剪平頭，但我走的是異國風格，留著又長又捲的頭髮。」

當時正值戰後，學生通常都穿著破舊的衣服上學，而他想跟同學不一樣，所以上學時穿著訂製的夾克、完美無瑕的襯衫、上過漿的領子，並戴著絲質領帶。由於生在富裕製造商的家庭，他買得起這樣的衣服。之後他也開始健身，喜歡在海灘上秀出自己的好身材。

由於他太愛吃甜食，所以在晚年胖了不少，體重超過一百公斤。結果他在十三個月內減重了四十二公斤，為了慶祝還向全世界分享了自己的減肥法。他向世人分享一切，包括自己的飲食。最後還決定與自己的醫生合寫一本書（按：《卡爾・拉格斐的減肥之道》〔*The Karl Lagerfeld Diet*〕，二〇〇四年於美國出版），分享他的減重方法。

他的工作室經理阿諾・馬亞爾（Arnaud Maillard）很訝異的說道：「我不知道他真正的用意是什麼，寫出一本暢銷書？讓自己成為媒體的焦點？我無法想像，地位如此崇高的時尚設計師，為什麼會如此興致勃勃的，把自己的飲食細節寫成書出版？」

然而拉格斐的書還真的大賣，記者蜂擁而至，想訪問他的飲食方法。「他時常抱怨需要拋頭露面，自己卻還是一頭栽進媒體的大海中。」為拉格斐效力十五年的馬亞爾說道。

就跟其他自我行銷天才一樣，拉格斐假裝覺得媒體很煩，並經常說他不在乎人們怎麼說他。但這當然不是真的。他會買下並閱讀所有報導他的報紙，而且也是極少數會討好記者的名人。

當時擔任德國名人八卦雜誌《Bunte》總編輯的薩納，就透露拉格斐曾邀請他去比亞希茲（Biarritz，法國重要的旅遊城市）遊玩，而令他印象深刻的是，到機場接他的私人司機，交給他一張親筆寫在黃色紙上的信。

「拉格斐就算很忙碌，還是擠出時間，窩心的準備好迎接我住他那裡，這證明他是非常周到的東道主。他考慮到所有事情，就像太陽王（路易十四）宮廷內的司儀——而且他還同時扮演好國王與司儀的角色。」薩納如此說道。

拉格斐終其一生，都藉由一系列獨特的風格來建構自己的公眾形象——拉格斐品牌。他的品牌並非一夕之間或靈機一動就建立起來——名氣是經年累月培養出來的。

「我不像卓別林一樣會化妝。我的髮型、墨鏡都跟了我好幾年。雖然很緩慢，但我確實已變成一幅畫。」

▲圖 3-1　卡爾·拉格斐，2010 年 5 月攝於法國。髮辮、立領、墨鏡與露指手套是他獨特的註冊商標。
photo credit：Allstar Picture Library Ltd / Alamy Stock Photo

他發展自己的招牌風格，秀出一個獨特的註冊商標：露指手套、髮辮、立領、墨鏡，有時還會拿把扇子。拜他的招牌形象所賜，拉格斐確實讓漫畫家省事許多。但拉格斐品牌不只是他的外表而已，他也曾因為無禮的言論與獨特的說話方式而出名。

薩納說拉格斐是「斷音大師」。「他發音迅速，並且會頻繁的改變說話節奏。他的句子有時像在跳巴薩諾瓦（按：Bossa Nova，旋律輕快，融合巴西森巴舞曲和美國冷爵士的一種「新派爵士樂」），有時聽起來又像田園詩。」

同時替多家品牌效力——名氣能帶來自由

一九五〇年代初期，拉格斐搬到巴黎，替許多時尚品牌效力，其中包括寶曼（Balmain）、讓．巴杜（Jean Patou）與蔻依（Chloé）。一九八〇年代，他擔任香奈兒的創意總監與首席設計師，達成了許多重大成就。

這間由可可．香奈兒（Coco Chanel）創立的公司，在一九八〇年代顯得有點過時了。拉格斐傳奇般的改造這個品牌，並將這家公司轉型為價值十億美元的全球時尚龍頭。「我造就了今天的香奈兒。」拉格斐說道。「沒有我，這家時尚公司早就關門了。它的繼承人來找我時甚至說道：『你如果不進這家公司，它就要倒了。』」

但假如你認為拉格斐只替全世界最奢侈的品牌設計服飾，那就太小看他了。拉格斐經手過的事務多到這一章塞不下：他設計過 Steiff 的泰迪熊；輝柏嘉（Faber-Castell）的鉛筆；限量版健怡可樂瓶（Diet Coke）；施華洛世奇（Swarovski）的手鐲、項鍊與胸針；知名的蔻依女性香水，以及他自己的同名香水……。

他曾擔任劇場與歌劇的服裝設計師，也當過攝影師；他替香檳品牌唐培里儂（Dom Pérignon）、福斯 Phaeton 轎車設計廣告活動；他創辦出版社（7L Edition），私人的藏書也很豐富，多達三十萬本。

拉格斐能夠抓到平衡點，既創造出舉世無雙的時裝，又為瑞典平價時裝連鎖店H&M設計一系列服飾與香水。他能將精英主義的氣質與平等主義的價值完美結合在一起：「金字塔頂端的那一萬人，總是被自己的勢利眼所害。對他們而言，只有最貴的東西才夠好。然而重要的是，我們不該瞧不起『大眾』，而是要提供負擔得起的選項。就算你買的是便宜貨，也可以很時髦。」

自由是拉格斐最重視的價值。他在生涯早期，就已達成先前許多設計師辦不到的事——同時替好幾家時尚品牌效力。「他很快就成為能跟任何人合作的人。只有少數人擁有這種令人羨慕的特質。」薩納說道。

「他替Max Mara設計了一件駱駝毛大衣。讚喔，我喜歡，駱駝毛是我喜歡的材料。他替芬迪（Fendi）設計毛皮大衣，很棒，我愛動物填充玩偶的感覺。他替讓．巴杜設計一系列服飾，打高爾夫球的時候也可以穿。他替喜愛蔻依的女士設計一套衣服。太美了。幾乎可以直接穿出門。」薩納如此形容拉格斐兼容並蓄的作風。

他之所以能創作這麼多東西，是因為他的商業模式給予他自由，讓他能專注於最擅長的事情——設計。剩下所有事情他都交給別人代勞。比起只靠自己的品牌，或只替一間公司效力，這種做法能夠賺到更多錢。

「面對大量合約、授權與其他複雜關係，他能夠請別人替他分擔事情，自己則繼續燃燒創意的火花。他設計包包、鞋子、布料、壁紙、眼鏡、針織品、毛皮、昂貴的衣服、便宜的衣服（有時候會掛他的名字，但通常都不會）。」

根據拉格斐表示，他的創意完全是自然產生的。「你做越多事情，就會有越多點子。就像鋼琴家，彈得越多就越能夠自然的即興演出。假如我一直畫草圖，就會找到新點子。」

一方面，他會突然想到好點子，另一方面，他也不會坐等靈感湧現。有一次他解釋是如何想出泳裝的新點子：他坐下來告訴自己，要設計出五十件新泳裝才可以起身。三小時後，他已經畫出五十張設計圖，但還是繼續畫下去。

堅守紀律，才能在享樂主義的世界賺到錢

堅守紀律與職業道德是他的重要特質。儘管拉格斐活在滿是誘惑的享樂主義世界，但他沒有屈服於這些誘惑。他不抽菸、不吸毒，也幾乎不喝酒。他或許知道自己需要這種自律，因為他覺得自己很容易上癮。他人生中有段時期，每天都要喝好幾罐的健怡可樂、吃大量的甜食。

德國時尚設計師沃夫岡・喬普（Wolfgang Joop）曾談到拉格斐：「你真的可以把他的建議銘記在心：你要抑制自己的感覺與癮頭，否則你會變成命案現場的當事人。畢竟他周圍有很多人都成了受害者……該怎麼遵守紀律、該怎麼保持沉著，他都做出了最佳示範。就這方面來說，他是我見過最大的奇蹟。他還真是機靈。」

拉格斐有很多朋友死於愛滋病，其他則因為濫用藥物的後果而受苦。他觀察到這一點，於是用鋼鐵般的紀律戒除不良嗜好。而在他稱讚別人時，也常會稱讚對方的自制能力。例如他曾評論自己發掘的模特兒克勞迪婭・雪佛（Claudia Schiffer）：「她跟其他許多模特兒不同，有著鋼鐵般的紀律，其他人則比較會玩樂，但也比較沒紀律。」

這種紀律逐漸變成拉格斐的核心特色。你無法想像他做事隨便的樣子，而他在德國電視脫口秀說的話：「假如你穿運動褲，就表示你無法掌控自己的生活」，可能是他最常被引用的妙語。

「有人告訴我：『你是德國人，所以很自律。』……其實我更糟糕。我是個法西斯主義者、獨裁者，搞得自己壓力很大。我做事不容許民主。由我下令，沒得討論。我不會因此覺得痛苦，因為秩序就是秩序，就這樣。」拉格斐如此說道。

不過，如果你以為拉格斐有著不屈不撓的意志力，是因為他必須逼自己工作，那就大錯特錯了。他需要紀律來抗拒誘惑、遵守飲食計畫——而且他要確保整個工作室也都貫徹這種嚴格秩序，因此他以近乎軍事化的苛刻掌控一切事務。工作室的經理會確保大家嚴格遵守拉格斐的指示。最後期限（deadline）的壓力是很殘酷的。

然而拉格斐常說他的這種設計風格是自然發展出來的：「我不知道什麼是壓力，只知道什麼是風格——別忘了我經營的是時尚事業。」如果紀律意味著強迫自己做無法忍受的事，那麼拉格斐工作時不需要這種紀律。

「反正我們一整天都在做自己喜歡的事。」他說道。「設計對我來說就像呼吸一樣自然。」他在睡著的時候會想著自己的工作，還會做夢，等他醒來之後，就會把自己的想法寫下來。有一次他說自己晚上夢到一整個系列的服裝：「我夢到一整個系列的服裝，隔天早上我就把它們全部畫下來。每一件都挺好看的。」

拉格斐的動力是什麼？難道正如某些人說的，是錢嗎？（畢竟他是巴黎最有錢的人之一，並且總是公開承認他很愛賺錢。）還是追求知名度？

「我比加利亞諾（John Galliano，英國時裝設計大師）等人有名。沒人跟我一樣成功，沒人能追上我。我再也不能隨意上街了，因為要簽名的人會把我團團圍住。世界各地都有人寄信來跟我要簽名。實在是難以置信。」

話雖如此，但他很快又補充了跟多數名人類似的說詞：他被眾人的關注給逗樂了，還說他不知道群眾為什麼對他這麼著迷。雖然拉格斐說自己不了解他本人與他的品牌所造成的風潮，但是這種話，就跟本書中其他自我行銷天才的謙虛之詞一樣，不必太當真。

拉格斐的工作室經理馬亞爾想起有次與他一起走進迪賽（Diesel，義大利服裝設計公司）的店面，所有人眼睛都盯著拉格斐。「終於，有一群面帶微笑的日本人，鼓起勇氣接近拉格斐，一邊驚訝的用手摀住嘴巴，一邊拿出筆來。其他本來還有點畏縮的顧客，很快就跟著這麼做。卡爾稍微向我眨了眨眼：『你看，就連國外的年輕人都認識我耶！這不是挺好的嗎？』」

沒錯，每個名人有時候都會因為被媒體炒作、失去隱私，而感到不知所措。但拉格斐與其他同等地位的明星，都甘願接受這些後果，因為他們無法忍受另一種選項：默默無聞的埋沒在歷史的洪流中，無異於一般大眾。

拉格斐甚至還說自己不生小孩的原因，是因為他總認為自己是獨一無二的個體，因此根本不必「複製這種獨特性」。

反抗潮流，同時也要與時代一起發展

為了吸引媒體注意，他刻意做出越軌之舉，並說出挑釁且有爭議的言論。一九九三年，他讓雪佛胸前穿著《古蘭經》經文走伸展臺。此舉引起激烈抗議，因為穆斯林認為這種噱頭是在貶低《古蘭經》與先知的人生。為了平息眾怒，拉格斐道歉了。而他反省之後說道：「醜聞只會傷到不想有醜聞的人。」

他一方面試圖用挑釁言論引起騷動，另一方面，他也用時尚風格捕捉了時代的精神，並將它塑造成自己的形象。**如果你存在的理由就是違逆潮流，那你無論在商業或時尚領域都不會成功，而總是順應潮流的人也一樣。**

既要一直走在尖端、持續再造自己，同時又要維持高識別度的品牌核心，這可是一門藝術。「**挑戰在於既要維持你的個性，同時又要與時代精神一起發展。**如果能夠創造新事物而不故步自封，甚至更有趣。」

德國新聞雜誌《明鏡》在拉格斐的訃聞中提到他引起的現象：「他塑造自己，將自己化為藝術界名人，直到他成為全球品牌。在這個演出與形象即為一切的時代，他是個先驅者。激進、自由且獨特。」

他不介意被形容成自戀狂。事實上，他也沒有要隱藏自戀傾向的意思。馬亞爾表示，拉格斐在跟同事講話時，通常都不會看著對方。他回答問題的時候，會越過對方的肩膀，看著鏡子中的自己。就連在試衣服時，他都只對自己有興趣。

「他銳利的眼睛只要瞄一眼就可以決定模特兒。可惜的是，因為他的專業能力太傑出，大家都以為他除了自己的外表，對任何人、事、物都沒興趣。」每次模特兒拍照他都會藉機拍下自己的肖像，而且每次集會之後，拉格斐都會在公關經理的桌上放一張新的自拍照，然後經理會再將照片交給報社記者。

有人問拉格斐他想不想設立慈善基金會，他回答說這樣對他沒什麼好處，因為：「我的一切，從我開始，也將結束於我。」其他公眾人物假如膽敢講出拉格斐認為理所當然的言論，應該會被當成冷酷無情的自我主義者，然後遭到大眾痛罵。

「我想過著舒適的生活。沒有任何煩惱。我就是自己的開始與結束。我想達成什麼事情，由我自己決定。我不必考慮任何人。我不必為任何人負責。」

或許人們原諒他講這種話，是因為他們的想法與感受與他相同，只是永遠不敢這麼公開講出來？又或許有些人認為他其實不是那個意思，這只不過是他刻意挑釁的妙語而已，不必太認真看待，更別說完全當真。

拉格斐的生活方式可以總結為兩個原則：無拘無束的自由，以及壓抑不住、想要持續進步的衝勁。他說：「幸福需要秩序與紀律。我就是我自己描繪與想像出來的成果，也是我想要、我決定成為的人。」

拉格斐跟其他許多名人一樣無所不在，那他怎麼確保人們不會看膩他？其中一種說法是他會持續改進自己，因此不會變得無聊。他受到「有建設性的不滿」所驅使，或是套句他自己說的話：「我永遠不滿足。我總是覺得自己能做得更好……更好的走秀、更好的系列服裝、每件事都總是能做得更好。」

另一種解釋是，儘管他願意接受訪問，但他還是能保留一些神祕感。戴墨鏡也意味著沒人可以真正看透他；他到哪裡都帶著鏡子，這樣他就能隨時查看自己，並盡力遮住他的眼睛——靈魂之窗。

我們無法用拉格斐做過的事（沒有任何單一職稱能完全代表他），或他表達的觀點（通常只適用於他說出來的當下）來歸類他。

一般人年紀越大，就越容易講起往事。拉格斐覺得這樣很令人沮喪，他甚至說過，假如你覺得最好的時光已經過去，你就已經扼殺了自己。「我只思考未來，或許是因為我的工作使然。我不知道我昨天設計了什麼衣服。而且，我不在乎。」

卡爾・拉格斐成名的藝術

- 身為設計師，拉格斐也設計自己的形象，包括他的外表：露指手套、髮辮、立領、墨鏡，有時還會拿把扇子。他的妙語與不尋常的言論（假如你穿運動褲，就表示你無法掌控自己的生活），具有極高的識別度。
- 拉格斐非但不以自戀為恥，還全力歌頌它。藉由結合自戀與自嘲（自嘲或許也只是假裝的），他讓大家能夠接受自己毫無節制的自私與自愛。
- 說話時的節奏，也成為很好認的註冊商標。
- 拉格斐讚頌自己激進的自由與個人主義。他結合了「不服從任何人的自由」與「極度自律」。
- 總是維持著神祕感——用來遮住眼睛的墨鏡更是有加強效果。
- 拉格斐結合了極度精英主義的舉止與古代貴族的氣質，卻又願意擁抱大眾文化（替 H&M 設計平價產品）。

第四章

往人少的地方走，就會被注意

「成名後的不便就是不管到世界各地，都會被認出來。戴太陽眼鏡和假髮都不管用，因為輪椅會洩我的底。」

——史蒂芬·霍金

一九五九年，史蒂芬．霍金開始在牛津大學攻讀數學與物理學。牛津是他的出生地，而他也在一九六二年獲得學士學位。在牛津大學念書的最後一年，霍金覺得身體不太對勁，他曾突然間失去平衡並跌倒兩次，且都沒有任何原因。

他憂心忡忡的去看醫生，醫生只建議他「戒掉啤酒」。從牛津大學畢業後，霍金轉到劍橋大學，撰寫他的宇宙學博士論文。但霍金的健康狀況持續惡化：「聖誕節時，我在聖奧爾本斯（St. Albans，位於英格蘭的小鎮）的湖上溜冰，結果我跌倒了，而且爬不起來。我媽注意到這些問題，於是帶我去看家庭醫師。他向我推薦一位專家，而在我二十一歲生日後不久，我就去了醫院做測試。」

接下來幾週，霍金這位熱帶醫學研究員與經濟學家之子，接受了許多種測試。醫生沒有告訴他得了什麼病，但他意識到自己得了不治之症，有可能在短短幾年內過世。

最後，醫生告訴他，他得了肌萎縮性脊髓側索硬化症（按：ALS，又稱漸凍人症、運動神經元病），這種病會讓大腦的神經細胞與脊髓先萎縮、再結疤或硬化。他得知罹患此病的人，會逐漸失去控制移動、說話、飲食與呼吸的能力。接著他的醫師給出很不樂觀的預後（譯按：根據病人當前狀況來推估未來經過治療後可能的結果），並告訴他說，他可能只剩兩年可活——不過事實上霍金又活了五十年（圖4-1）。

當然，這個不幸的消息對他來說是極大的打擊。霍金起初陷入嚴重的憂鬱之中，而且

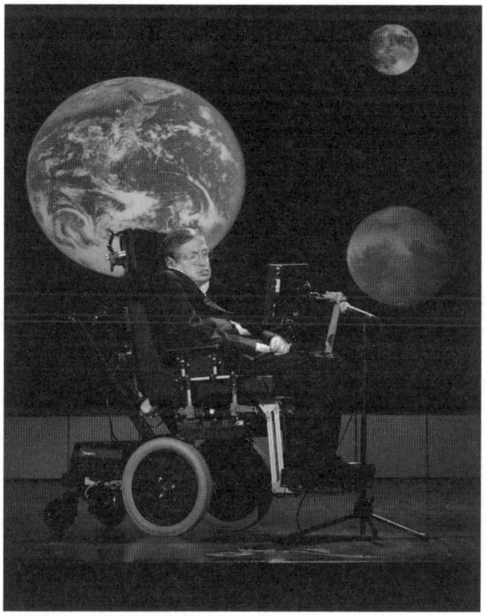

▲圖 4-1　霍金在自傳中解釋他怎麼變得這麼有名：「這有一部分是因為我符合殘障天才的刻板印象。」
photo credit：NG Images / Alamy Stock Photo

他花費許多時間聽華格納（按：Richard Wagner，德國作曲家，以浪漫主義著稱）的歌劇（還將音量調到最大），使得憂鬱的情況又更嚴重。

殘疾，反倒成為科學研究的助力

傳記作者喬爾．利維（Joel Levy）曾在《霍金》（*Hawking: The Man, the Genius, and the Theory of Everything*）一書中寫到：

「霍金躲在劍橋的房間裡，聽音樂、讀科幻小說、做可怕的惡夢，幾乎沒有心情繼續攻讀博士。」然而回首過去，這個病情的消息對他來說，其實也有非常正面的影響。

霍金回想：「我當時的夢想被阻礙了。在我的病被診斷出來之前，我已經對人生感到非常厭煩，沒有任何值得我做的事情。但出院後沒多久，就夢到自己快被處決了。這讓我頓時醒悟，現在的我像是在緩刑中，所以還有很多事情值得去做。」

令霍金非常意外的是，他發現自己比之前更加享受生活。或許一部分是因為他剛陷入熱戀，而他也知道，如果他想結婚，就要找到工作，並且把博士念完。「因此我這輩子第一次開始工作。令我意外的是，我很喜歡工作。」

霍金說自己在牛津念書的時候很懶散。他坦承自己修的課程很簡單，而且很習慣得來全不費工夫的感覺。但因為他被診斷出疾病，他開始埋首做研究。而正是這個與妻子珍（Jane，兩人於一九六五年結婚）一起進行的研究，幫助他找到人生的意義。

霍金在此事中展現出許多名人的共同特質，也就是能夠將不好的局面轉變為正向的發展，就算在最令人沮喪的危機當中，也依舊能獲得能量。

他並沒有對自己的殘疾自怨自艾，而是很快就把它視為一大優勢：「我不必講課或指導學生，也不必參加既單調又浪費時間的委員會。所以我可以完全投身於研究。」

霍金的看法是，殘障人士應該「**專注於殘疾沒有影響到的事情，而不是悔恨他們做不**

到的事」。《霍金傳》（*Stephen Hawking. A Life in Science*）的作者麥克·懷特（Michael White）與約翰·葛瑞賓（John Gribbin）表示，假如霍金花費大量時間參與委員會、大會，或管理學生的申請表，他就不可能這麼快就達到如此高的成就。

霍金很快就在科學界成名。一九七四年，他預測黑洞會發出熱輻射——後來被稱為霍金輻射（Hawking radiation）。同年，他也被票選為皇家學會的會員——當時他甚至還不是教授，只是低階的研究助理。而三年後，他便晉升為教授。

「我研究黑洞的成果給了我希望：我們可以發現萬有理論。」後來霍金又有了一系列重要發現，因此獲得許多榮譽與讚賞。

霍金無疑是偉大的科學家，自己也非常清楚他在科學界的地位。「對我的同事來說，我只是另外一個物理學家，但對更廣大的群眾來說，我可能是全世界最有名的科學家。」

霍金的名氣無法只以他的科學發現來解釋，尤其是這些發現的深遠影響（跟愛因斯坦一樣），是多數人無法理解的。

霍金享有的關注度遠超過許多諾貝爾獎得主，儘管他從未獲頒諾貝爾獎——這多半是因為，根據諾貝爾獎的方針，任何發現都必須由實驗證實才符合資格，而霍金的理論物理學不可能辦到這一點。他的理論與預測都是以數學為基礎，且無法由實驗證實。

而說到霍金在科學界的地位，他自己的說法是對的。對他的同儕來說，他根本不是大眾眼中那個超凡的科學家。例如千禧年時，《物理世界》雜誌進行問卷調查，結果霍金居然擠不進「十大最重要在世物理學家」。

相反的，大眾（可能包括霍金自己）有著非常不同的看法，應該比較接近霍金客串其中一集《銀河飛龍》（按：Star Trek: The Next Generation，一齣背景設定在《星艦迷航記》時空的科幻電視影集，於一九八七年首播）的劇情：他能與史上最有代表性的兩位科學家——牛頓與愛因斯坦，一起同桌玩撲克牌。

霍金完全清楚同儕只把他當成眾多物理學家之一，但他怎麼能夠成為那個時代最有名的科學家？霍金在自傳中回答了這個問題：「有一部分是因為，除了愛因斯坦之外，科學家並非家喻戶曉的搖滾歌手；也有一部分是因為我符合殘障天才的刻板印象。我沒辦法用假髮與墨鏡來偽裝自己——因為我的輪椅會洩底。」

然而，沒有任何科學家（無論他們的研究多有突破性）能夠完全不追求出名就成為全球文化偶像，哪怕是霍金這類坐輪椅、有著罕見疾病的人。若想獲得霍金這種知名度，就必須主動培養公眾形象——如同愛因斯坦一樣。

霍金在選擇研究領域時就很聰明。他的決定是基於一項客觀分析：當時基本粒子物理學是非常受關注且快速變化的領域，因此能吸引到世上大多數的優秀科學人才。相形之下，宇宙學與廣義相對論從一九三〇年代問世之後就陷入停滯。

研究黑洞——想吸引注意力，就往人少的地方去

霍金意識到如果他從事新的研究，就能更容易吸引注意，於是他開始在一個會引起眾人想像的主題上，建立自己的權威——這個主題就是黑洞。

黑洞是一個時空區域，重力強到任何事物（物質、光、資訊）都無法逃脫它。當巨大恆星的壽命終結時，核心會變得不穩定，並且因重力而向自己內部崩潰，直到成為體積為零、密度無限大的「奇異點」，也就是黑洞。

霍金的傳記作者懷特與葛瑞賓曾寫道：「他成為受困於殘缺身軀中的黑洞太空人，以堪比愛因斯坦的智慧看透宇宙奧祕，邁向連天使都不敢涉足的境地。當黑洞的概念開始進入群眾意識中，自從一九六〇年代末期就圍繞著他的神祕色彩，便開始跨出與世隔絕的物理學界。關於黑洞的報紙文章與電視紀錄片紛紛出現，霍金也開始被當成談論的對象。」

跟愛因斯坦一樣，即使外行人根本無法理解這些概念，霍金理論的神祕感也啟發了媒體與一般大眾，引起了他們的興趣。而一個患有神祕疾病的人，透過電腦般的怪異聲音，向「凡人」傳遞宇宙學的訊息——這件事實又更加強化了整體效應。

由於疾病的緣故，霍金說話越來越含糊不清，就連他的小孩都很難聽懂。有一次他得

了肺炎，必須動氣切手術才能保命，而從此之後，他就完全失去說話能力。

他一開始唯一的溝通方式，是由別人用手指著拼字卡上的字母，只要指到正確的字母，他就挑起眉毛，直到拼出完整單字為止。後來他改用電腦程式與語音合成器。有一套特殊的裝置讓他能夠選擇整組的字母與單字，再透過語音合成器轉換為語音。

隨著時間經過，他越來越熟練這套系統，雖然每分鐘最多只能說十五個單字，但他的溝通能力已經比氣切手術前還要好。作者利維表示，霍金的合成語音已經變成他的註冊商標之一，他甚至還申請了版權。

即使霍金已經熟練語音合成器，他還是在尋找其他更直接的溝通方式。霍金是出了名的無法忍受笨蛋，只要有人講了什麼話煩到他，他就會用輪椅輕輕輾過對方的腳趾。假如他覺得某人在浪費他的時間，他就會突然將輪椅駛離現場。

霍金不是在非自願的情況下成名的。剛好相反，他的傳奇是由自己編出來的，而且他跟愛因斯坦一樣，都是科學界的自我行銷天才。比方說，他反覆提到他的生日是一九四二年一月八日，正好是伽利略逝世後三百年。雖然他總是會補充說，同一天還有其他約二十萬個小孩出生，但他的生日也是他行銷自己的一部分。

在霍金的早期著作（寫給科學界讀者看的，而非後期的大眾科學作品）中，他就已經透露出不想只當個典型的科學家。在他第三本著作《超空間與超重力》（*Superspace and*

Supergravity）即將出版之際，霍金與出版社為了封面吵得不可開交。

為什麼《時間簡史》能暢銷？因為霍金肯讓封面照片慘不忍睹

霍金希望這本書無論精裝版還是平裝版，書衣都一定要印上他辦公室黑板畫作的彩色照片。出版社拒絕了，他們說他們從來沒出過彩色封面的書。他們堅稱彩色封面的成本，不符合這本書的科學題材與其預期銷量，並宣稱封面本身對銷量沒有影響。霍金最後甚至威脅說，假如出版社不同意他的封面，他就乾脆別出書了。最後霍金贏了。

寫過一些嚴謹的科學著作之後，霍金決定轉換跑道，撰寫大眾科學書籍。據說財務動機（昂貴的日常照護費用）是他做出此決定的重要理由之一。這可能是真的，但霍金更大的動機是他想揚名世界——而且遠遠不僅限於科學界：「如果我要花費時間跟心力寫書，我希望讀者越多越好。」

霍金想要寫出一本暢銷書。他向經紀人解釋，他希望寫一本能在機場書店暢銷的書。經紀人卻告訴他沒機會。這本書雖然會有很多學者與學生捧場，但霍金的書永遠無法在傑佛瑞．亞契（按：Jeffrey Archer，英國暢銷作家，代表作為《該隱與亞伯》）的地盤內成功。

霍金跟其他許多科學家不同，他會謹慎聽取編輯的建議。在一次關於霍金主打大眾市場的新書的初期討論中，他的編輯解釋說：「霍金，你還是寫得太專業了。這麼說好了，你每寫一個方程式就會讓銷量減半。」

霍金一整天都泡在數學公式裡，不了解編輯在反對什麼，所以想知道編輯為什麼這麼說。他的編輯回答：「這個嘛，當大家在書店裡看到一本書，他們會翻翻看來決定要不要讀。你幾乎每一頁都有方程式，當他們看到這樣的時候，就會說：『這本書有算式』，然後把它放回架上。」

霍金聽從編輯的建議，但他決定不讓他之前的出版社（學術性的劍橋大學出版社）出版這本新書，而是想換一間更大的出版社，這樣不但可以接觸到更廣泛的讀者，還可以賺到更多預付稿費與更豐厚的銷量版稅。

霍金與他的經紀人洽談過幾間大出版社之後，終於與美國的 Bantam 出版社達成協議。其中一個敲定協議的理由，就是這間出版社保證這本書會在美國所有機場書店上架。霍金很愛這個主意。全世界最大的出版社之一要出版他的書，這令他非常興奮。

大多數作者都不喜歡要求改寫很多的編輯，更別說要求整本書重寫了。而霍金寫書的速度沒辦法像其他作者一樣快，因此這種大篇幅的改寫，對他來說特別耗時費力。但霍金決心寫出一本暢銷書，因此盡了一切努力，想寫出最棒的書。

他的新編輯說服他改寫這本書，讓不是科學家的讀者也能看懂。霍金回憶道：「每次我寄一份重寫過的章節給編輯，他就回寄給我一長串的反對意見，以及他想了解的問題。有時我覺得這段過程永遠不會結束。但他是對的：最後的成書確實好很多。」

霍金之前在學術出版社的編輯就曾警告過他：「我要確保你知道一件事：假如目標是賺錢與暢銷，那你就不能介意行銷技巧。」當霍金問他這話是什麼意思，編輯答道：「嗯，就算出版社的行銷主軸是『你們看看這個殘障人士有多厲害？』，我也不意外啦。你必須親自投入其中去見識一下。」

這本書定名為《時間簡史》（*A Brief History of Time*），在一九八八年於美國出版。它根本不需要任何行銷技巧就成了暢銷書，遠超過出版社原本的期待。它在《紐約時報》暢銷榜蟬聯了一百四十七週，在《泰晤士報》暢銷榜蟬聯了兩百三十七週（破紀錄），並在德國《明鏡》的暢銷榜蟬聯了四十一週。之後這本書被翻譯成四十種語言，全世界銷量超過一千萬本。

為什麼這本書如此成功？霍金不是很確定，他認為雖然大多數的書評有稱讚這本書，但並沒有特別的亮點。它們全都是照著同樣的公式寫出來的。

一開始先強調霍金罹患嚴重的疾病，坐在輪椅上，手指幾乎不能動。接著他們會指出，儘管這樣，霍金還是寫出一本書。

而主題是史上最大的問題：我們從哪裡來？又要往哪裡去？就連結論也都照著同樣的模式來寫：如果霍金是對的，我們真的發現了一套完全統一的理論，那我們就能理解上帝的心思。

但這些評論家不知道的是，霍金差點就「沒收」了這個結論。在寫作過程的最後階段，霍金坦承他差點刪掉這本書的最後一句話，也就是「我們將會理解上帝的心思」。他很慶幸自己沒有真的刪掉：「刪掉的話，銷量應該會減半吧。」

從決定不刪最後一句話，就能看出霍金有非常敏銳的銷售與行銷直覺。他也承認：「毫無疑問，『我儘管身體有殘疾，卻還是能夠成為理論物理學家』，這種富人情味的故事確實有幫助到銷量。」

在自傳中，霍金明確提到有人指控他的出版社，無恥的消費他的疾病，而且霍金也是共犯，因為他允許出版社用一張他坐在輪椅上、背景是星空的照片（他自己也認為那張照片「慘不忍睹」），當作《時間簡史》的封面。

霍金完全駁斥這個指控，並解釋說，根據他與出版社的合約，他並沒有干涉封面設計的權利。「不過，我還是說服出版社，英國版封面用一張比較好看的照片，而別用美國版那張既慘不忍睹又過時的照片。但是 Bantam 不會更改美國版的封面，因為現在美國民眾是用那張照片來認書的。」

可惜的是，他的解釋聽起來並不完全是真的。畢竟霍金如果反對這張封面，他應該會抗議才對。從霍金與前任編輯的往來就可以看出，假如他選的封面沒被採用，他甚至會威脅出版社說他不出書了。

說到與出版社協商，霍金是出了名的極度堅持己見。值得一提的是，他在自傳中並沒有說出版社是在無視他意願的情況下，選了這張封面。而且他也從未說過他試圖勸阻出版社用那張照片當封面。他提供的解釋就只有出版合約中的法律術語——幾乎所有出版合約都有這個條目，讓出版社擁有書籍封面的最終決定權。

霍金的編輯彼得．古茲扎爾迪（Peter Guzzardi）也針對指控（封面那張坐輪椅的照片是在消費霍金）做出評論：「顯然書評並不了解霍金，他們竟然以為霍金可以被消費。沒有人可以消費霍金。他很會照顧自己。」又有一次，古茲扎爾迪說道：「以霍金這種身體狀況，能夠登上自己著作的封面，已經夠風光了。」

霍金也駁斥「許多人買了這本書卻沒有真的讀」的說法。他提到自己收到許多讀者寄來的信，內容充滿了疑問與詳細的評論，這表示「他們真的有讀，只是沒有全懂而已」。

他還提到有陌生人在街上叫住他，並告訴他，他們有多喜歡這本書。因此霍金做出結論：「至少有一部分買這本書的人真的有讀它。」不過，對於霍金這種地位崇高的科學家來說，這種推論也並非完全確定的。

霍金就跟所有作者一樣，不只希望他的書暢銷，也希望它們能被世人閱讀與理解。最重要的是，關於《時間簡史》出版與大成功的整個故事，充分證實霍金具有敏銳的自我行銷直覺。

大多數科學家都不寫大眾科學書籍——尤其是數學家與物理學家。霍金的書之所以暢銷絕非意外，而是因為霍金願意盡力做任何事情來讓此書成功。

他與長期合作的學術出版社分道揚鑣，改投大眾取向的出版社，因為他很想讓自己的書在全美國所有機場書店上架；他反覆改寫這本書，儘管難度很高；他刪掉任何非科學讀者無法接受的內容；他也接受封面強調他的殘疾，採用他坐著輪椅的照片。

霍金還主動參與這本書的行銷活動。這本書上市時，有人很驚訝他願意接受小報採訪，像是《星期日鏡報》（按：Sunday Mirror，英國小型週報）。《時間簡史》在英國出版後不久，人們開始會在街上認出霍金，並表達自己的仰慕之情，而霍金很陶醉其中：「一本講科學的書居然不下於流行歌手的回憶錄，令我感到很愉快。」他如此解釋。

《時間簡史》是霍金寫給非科學讀者的著作中，第一本成功、也是至今最成功的。他自己寫，或與別人合寫了十二本大眾科學的書——包括一本與他女兒合寫的童書，其中也有許多書很暢銷，但沒有一本能比得上《時間簡史》的巨大成功。

時間旅行有可能嗎？民眾想聽什麼，他就寫什麼

圍繞霍金與這本書的炒作，其實也是有負面的效果。有幾位物理學家表示，霍金將已知且廣為接受的科學結論，與他自己的爭議性猜測混為一談，卻沒有告知讀者兩者的分別，而這樣是不對的。

有些人則說，霍金以伽利略、牛頓與愛因斯坦的生平簡介替這本書作結，實在是自命不凡。他們認為霍金是在偷偷抬舉自己，讓自己躋身這群傑出人士之列，由此可見他有多自大。

霍金傾向結合科學結論與他自己的猜測和意見，再加上他自己也喜歡對大眾有興趣的主題發表個人看法，就這樣形成了往後著作的成功模式。例如在《霍金大見解》（*Brief Answers to the Big Questions*）中，他就詳細探討了以下主題：

- 上帝存在嗎？
- 宇宙中還有其他智慧生命嗎？
- 時間旅行有可能嗎？

・我們能在地球上生存多久？
・我們應該殖民外太空嗎？
・我們該怎麼塑造未來？

霍金對於這些問題的答案，跟科學結論幾乎無關。他主張我們無法永遠在地球生存，因為只要一顆小行星撞擊地球，就可能終結所有生命；這沒什麼稀奇的，甚至算是常識。然而有鑑於地球面臨的風險，霍金認為人類必須殖民其他星球。

霍金也猜測有些研究人員會利用基因工程繁殖「超人類」。霍金預測這樣一來就會對「未改善」的人類造成嚴重的生存問題，因為他們再也無法競爭了。

「我猜他們會滅絕，或變得不重要。取而代之的是一個『自我設計』的種族，會以持續增加的速度來改善自己的性能。」

這種科學與科幻的混合方式，造就了霍金的高人氣——也讓他與他的著作登上全世界報章雜誌的頭版。

霍金跟愛因斯坦一樣，經常參與政治話題，表達與左翼環保人士一致的意見：「地球對我們來說太小了。我們的資源正以令人擔憂的速度消耗著。我們已經帶給地球災難性的詛咒，也就是氣候變遷。」

霍金深信氣候變遷的威脅正在惡化中，因此發表了災難迫近的倒數時間。二〇一六年，他宣稱接下來一千年或一萬年之內，地球必定會發生災難。二〇一七年，他警告氣候變遷會在接下來六百年內，將地球變成一顆攝氏兩百五十度、下著硫酸雨的火球。

隔年，他將這個倒數計時縮短成一世紀——人類再過一百年就必須殖民其他星球了。但早在一九九〇年代，霍金就已經開始預想末日情境，不過幾年下來他的末日警告也改了好幾次——有時是電腦病毒或基因工程，接著是核戰或小行星撞擊，最後則將炮口對準惹事生非的人工智慧。

霍金從未真正研究過上述這些主題，但當這位最受世人關注的科學家提出嚴重警告，大家就比較會坐下來認真聽。同理，人們也會仔細聆聽好萊塢明星與其他名人的每一句話。由於他們的名氣很高，媒體很喜歡頻繁、廣泛的報導他們的一言一行，哪怕他們根本沒有足夠的專業知識去評論專業的主題。

霍金總是能想出新的行銷點子，讓大家關注他的科學理論。其他科學家對於時間旅行這類主題都嗤之以鼻，就算有提到，也只是寫在學術期刊裡。但霍金有著不同的想法。

二〇〇九年六月二十八日，他在劍橋大學的岡維爾凱斯學院舉辦時間旅行派對，播放關於時間旅行的影片。會場則布置了氣球與「歡迎時間旅行者」布條。而為了確保只有「真正」的時間旅行者赴會，他決定在派對舉辦後才發邀請函，並且直到二〇一〇年，才在自己的電視節目宣布這件事。

「派對當天，我滿心期盼的坐在會場，但是沒有人來。我很失望，但並不意外，因為我已經向大家展現一件事：假如廣義相對論是正確的，且能量密度為正，那麼時間旅行就是不可能的。但如果我的其中一個假設有誤，我應該也會很開心吧。」

出現錯誤，就是另一個上頭條的機會

又有一次，他與物理學家基普．索恩（Kip Thorne）打賭，因此登上頭條。他們賭的是「天鵝座 X-1 是否包含黑洞」。雖然打賭的內容沒什麼稀奇，但賭贏的獎品就很特別了。假如索恩贏了，霍金就出錢替他訂閱一年份的《閣樓》（*Penthouse*）雜誌（按：男性成人雜誌，一九六五年於英國首次發售）。「我們打賭了幾年，因為黑洞的證據實在太有力了，於是我認輸，替索恩訂了《閣樓》，結果令他的太座很不爽。」

就算霍金搞錯了，他還是能把承認錯誤營造成大型的媒體曝光，藉此增加自己的人氣。

二〇〇三年某次大會中，他的科學界死對頭李奧納特．色斯金（Leonard Susskind），將霍金比喻成一個在叢林迷失的士兵，不知道戰爭已經結束了。這是影射這兩位物理學家竟然在爭執「落入黑洞會面臨什麼命運」，而且他們已經吵了二十幾年。

利維寫道：「隔年霍金就準備發表聲明，大家都預測他是想公開轉變立場。以作秀出名的霍金，讓大家知道他將於都柏林的大會上發表宣言，而全球媒體也紛紛擁進會場，令許多科學家大惑不解。」

基本上霍金承認他的對手是對的，然而，他卻說自己的讓步有很大的「但書」，因此有些同儕評論霍金的表現「講好聽點是令人困惑，講難聽點就是霍金用噱頭搶走會場焦點，藉此增加他的媒體曝光。」

霍金的理論或許是錯的，但他公開認錯，再次證明他是自我行銷的天才：他能夠**將科學上的錯誤，轉變成以他為主角的媒體事件**。

霍金越來越像周遊世界的媒體巨星。占去他大半時間的不再是科學研究，而是熱門節目，以及在世界各地露臉。二〇〇〇年以後，他多半都搭著私人專機旅行，而且旅行的次數多到離譜。

二〇〇七年，他體驗了零重力的拋物線飛行，使得常期被禁錮於輪椅的他，也得以體驗了四分鐘的無重力狀態。此舉也引起了軒然大波（見下頁圖4-2）。

他上過全世界無數個高人氣電視節目，使自己成為地表上最出名、最好認的科學家——而這樣的地位，也使他成為許多紀錄片的完美題材。他的名字總共出現在八部成功的

▲圖 4-2　霍金在 65 歲生日時許下宏願，要在 2009 年漫遊太空，並體驗了一次無重力飛行，引起媒體報導。

紀實電影或影集的片名中，包括二○○八年播出的《史蒂芬霍金：宇宙大師》（按：Stephen Hawking: Master of the Universe，由英國無線電視臺：第四頻道〔Channel 4〕製作）。

作者利維曾寫道：「霍金或許不是自從愛因斯坦以來最偉大的宇宙學家，甚至也不是頂尖的現代物理學家，但是他在出版界引起旋風，見過教宗與總統，而且讓觀眾坐滿音樂廳，簡直就像個搖滾巨星。他環遊世界，體驗零重力與熱氣球飛行，客串高人氣電視影集，甚至還有電影明星在大螢幕上飾演他。」他無疑是個天才——自我宣傳的天才。

史蒂芬．霍金成名的藝術

．霍金決定投入競爭較少的領域，這樣比較容易引起注意。他初出茅廬時，最有才華的物理學家都選擇基本粒子物理學，但霍金決定投入宇宙學與廣義相對論，因為專攻這兩個領域的科學家非常少。

．霍金把劣勢（他的殘疾）轉變為優勢。他最暢銷的著作，封面是他坐輪椅的照片，他甚至還替自己的合成語音申請版權。在宣傳自己與面對媒體時，會強調故事中較有「人情味」的一面。

．霍金不介意同儕嫉妒他，或指控他迎合「大眾科學」領域。他想要受歡迎，因此盡一切努力，寫出一本能被一般讀者接受的科學書——一本暢銷書。他與出版社洽談時，開出一個條件：這本書要在全美國所有機場書店上架。

．霍金意識到主動經營公共關係是非常重要的。他甚至接受小報採訪，並在電視影集與電影中客串演出。

．霍金一點都不謙虛。他在自己一本著作中收錄了伽利略、牛頓與愛因斯坦的生平簡介，並一再令人覺得，他認為自己堪比這些史上最有名的科學家。例如在其中一部影集裡，他與牛頓、愛因斯坦玩撲克牌；而且他總是對外強調，自己是在伽利略逝世三百週年紀念日出生的。

- 異想天開的霍金，能夠替媒體編出引人關注的故事。例如他邀請時間旅行者參加派對，卻在派對過後才寄出邀請函，以確保只有真正的時間旅行者赴會。更不用說他在電視上宣布這件事。
- 霍金將挫敗扭轉成公關方面的勝利。就算被迫承認賭輸，他還是把自己的投降營造成大型媒體事件，並盡可能引起媒體最大的關注。

第五章

人類本來就不理性，你要放大聲勢

「我是最偉大的。在我了解到這個事實之前，我就已經這樣說。因為我意識到，只要我說得越多，就越能說服世界我真的是最偉大的。」

——穆罕默德·阿里

他從全美國最討人厭的人，變成全美國最受尊崇的運動員之一、國家級的偶像——穆罕默德．阿里是二十世紀最有名的運動家，也是無庸置疑的三屆重量級冠軍。他的拳擊成就真的很了不起。但這些成就並非他高人氣的決定性因素。最重要的是，阿里是精通自我行銷術的大師。

穆罕默德．阿里——原名小卡修斯．克萊（Cassius Clay Jr.），於一九六四年擊敗世界重量級衛冕冠軍桑尼．利斯頓（Sonny Liston），首度奪冠。但在這之前，他就已經是大名人了（圖5-1）。

在阿里奪冠的前一年，《時代》雜誌（當時有一千萬本的發行量）就曾把一期的封面照片獻給了他。當時的封面是阿里的畫像——他驕傲且挑釁的仰著頭、張開嘴巴。阿里頭上有一雙拳擊手套捧著一本詩集——這是暗指他寫短詩的嗜好。

雜誌內的頭版文章寫道：「卡修斯．克萊是艱辛通過十二項考驗的海克力士（譯按：希臘神話中最偉大的半神英雄）。他是追尋金羊毛的依阿宋（譯按：希臘神話英雄）。他是加拉哈德、西哈諾、達太安（譯按：分別是亞瑟的圓桌騎士、《大鼻子情聖》〔*Cyrano de Bergerac*〕與《三劍客》〔*Les Trois Mousquetaires*〕的主角，三個都是擁有騎士精神的英雄人物）。他擺出臭臉，男人就嚇到發抖，他露出笑臉，女人就神魂顛倒。宇宙奧祕是他手中的玩物。他雷霆萬鈞、威震八方。」這篇文章刊登時，阿里才剛出道沒多久。但早在

▲圖 5-1　「攝影師是不可能把阿里拍壞的。他只要一現身，你就大功告成了。」
photo credit：ZUMA Press, Inc. / Alamy Stock Photo

那時候，他就希望世人知道他是最偉大、最華麗的拳擊手，沒有人可以擊敗他。

某個對阿里出賽影片進行詳細分析的報告顯示，他在生涯第一階段（一九六〇年至一九六七年）的出拳命中率為六一．四%。到了生涯第二階段（一九七〇年代之後），他的出拳命中率只剩下五〇%。

同一份分析也比較了二十世紀頂尖拳擊手們的出拳命中率，以及他們被對手擊中的機率。根據這次測量，排名最高的現代拳擊手是重量級的小佛洛伊德．梅偉瑟（Floyd Mayweather Jr.），他的總評分是正二五．二%。喬．佛雷澤（Joe Frazier）得分為正一八．九%，也挺高的。可是阿里的分數就低很多，只有負一．七%。就算將其他因素納入這份統計分析（像是重拳命中次數），阿里也無法被稱為拳擊史上最棒的重量級選手。

阿里的傳記作者強納森．艾格（Jonathan Eig）在分析過阿里的所有拳賽之後，給了誠實的評價：「若從數據來衡量，這位自稱『最偉大』的人，其實生涯表現有一大半都低於平均水準。」

艾格還提出另一個有趣的問題：「他作風高調、一副不會被對手傷到的樣子，裁判是否曾因為這樣，將他本來輸掉的回合判贏？他之所以贏下那些回合，有沒有可能只因為他是偉大的穆罕默德．阿里？」老實說，有些阿里獲勝的比賽的確有點爭議。

跟其他體育賽事一樣，裁判很難忽視體壇巨星的名氣與魅力。他能挑戰冠軍的真正理由除了拳擊技術，在於懂得向世界介紹自己。「如果阿里只是個在低階賽事獲得十七勝零敗的平凡拳擊手，他根本沒有挑戰冠軍的機會。」艾格解釋道。

但阿里並不像一般的拳擊手，他那張大嘴巴，以及準確預測對手在第幾回合倒地的習慣，就跟他的帥臉一樣有特色。而最重要的是，艾格將阿里的迅速崛起歸功於「他在行銷的新時代中，成了一位老練的推銷員。」

讓我們回顧一下阿里出道之前的歲月。他在學校的表現不佳，連讀寫都有問題。一九五七年，他做了智力測驗，結果分數低於平均水準——而他的高中文憑也只有一張「出席證明」。

當年同年級的學生共有三百九十一人，他以第三百七十六名的成績畢業。阿里兩次無法通過軍事資格考試的心智測驗項目，直到越戰的戰事擴大、最低錄取分數調低後，他才符合資格。一九九〇年，他四十八歲時，甚至坦承自己這輩子沒讀過半本書。

校園唯一讓他喜歡的地方，就是那些崇拜他的同學。「愛現與引人注目是我最喜歡做的事情。」阿里回憶道。「過沒多久，我就成了校內最受歡迎的小孩。」

一般人可以在四到五分鐘內讀完的報紙文章，他要讀二十到三十分鐘。但他很有公關天分，甚至在他年輕時期，就已細膩展現其應對報紙與記者的媒體策略與方法。

拳王阿里不敗的祕密，都是為了上雜誌

阿里在生涯初期，曾經欺騙大眾他會在水下進行訓練，由此可看出他應對媒體時有多少鬼點子。

一九六一年，《運動畫刊》指派攝影師舒爾克替阿里拍照。有一次阿里問舒爾克，他除了《運動畫刊》還有跟其他雜誌合作嗎？舒爾克說他拍的照片經常登上《生活》雜誌——當時美國發行量最高的雜誌。

阿里聽完非常興奮，就問舒爾克能不能替自己拍照並登上《生活》，但舒爾克解釋道，他都是受人指派，而且他必須向編輯推銷這個構想，而編輯多半會拒絕——畢竟阿里當時才初出茅廬而已。

但阿里不肯罷休，接著問起舒爾克的其他作品。舒爾克說自己擅長水下攝影，於是阿里告訴他一個「祕密」：「我從來沒告訴過別人，但我跟安吉洛（按：Angelo Dundee，美國二十世紀的傳奇拳擊教練）有個祕密。你知道為什麼我是世上動作最快的重量級拳手嗎？因為我是唯一會在水中訓練的重量級拳手。」

阿里宣稱他在水中訓練的理由，就跟其他運動員訓練時穿重鞋一樣。「這個嘛，我讓水淹到我的脖子，然後在水中練習揮拳，而當我從水裡出來之後，動作快如閃電，因為沒有阻力。」

舒爾克起初很懷疑，但阿里提議讓舒爾克來參觀自己的水下訓練過程，並且替《生活》拍攝幾張獨家照片。於是舒爾克向《生活》推銷阿里的提議，而《生活》也很樂意專題報導阿里的非正統水中例行訓練。

當然，整個故事都是阿里亂編的，但這個吹牛故事讓他成功登上美國發行量最高的雜誌，證明這方法是有效的。

經常報導阿里與其拳賽的體育攝影師尼爾．萊佛（Neil Leifer）說道：「阿里是攝影師的夢想……他知道該怎麼擺姿勢。我覺得你根本不必叫他注意鏡頭……攝影師是不可能把阿里拍壞的。他只要一現身，你就大功告成了。」

當時美國最有名的體育編輯迪克．夏普（Dick Schaap）回憶道：「阿里接受採訪的次數比史上任何人都多。我想不到有任何政治人物或演藝人員的談話人數、次數與時間比他還多。」

固定替《紐約時報》撰文的知名體育記者麥克・卡茲（Mike Katz）表示：「我不相信史上有哪個運動員跟阿里一樣，這麼喜歡在媒體曝光。他喜歡被人注意——他就是因此而壯大的。」

卡茲還補充道：「但他也跟媒體合作無間，是我認識的人當中最了解媒體的人。」就算這家媒體非常小，他都願意撥出時間。「阿里願意接受地方高中報社十年級學生的採訪，而且花的時間不少於他接受《紐約時報》拳賽記者的採訪。」

隸屬於美國最大通訊社之一——美聯社的艾德・舒勒（Ed Schuyler）說道：「從來沒有精英運動員像阿里這麼親近媒體的。他的訓練營總是對外開放。你可以一天二十四小時都在報導他。只要他看到麥克風，或兩、三個記者在抄筆記，他就會主動靠過來，就像有人去按開關，然後燈就亮了。」

甚至早在他職業生涯初期，阿里就開始穿著印了自己紅色名字的白色T恤。其他拳擊手只會將名字印在長袍背面，而且只有在出賽的夜晚才穿著長袍。「阿里應該是第一個天天穿著印了自己名字衣服的美國運動員。他已經成為體壇最擅長自我宣傳的人，因此得以在世界嶄露頭角。」艾格寫道。

阿里也總是能想出新的宣傳噱頭。距首次冠軍戰很久以前，他就在紐約時報廣場內的某座商場，擺了一份假報紙，頭條則是他自己寫下的夢想：「卡修斯（阿里）將迎戰帕特森（譯按：Floyd Patterson，曾獲世界重量級冠軍的拳擊手）。」他解釋說：「我的鄉親們會相信這是真的。」

阿里以吹牛與誇大自己而聞名，有一次他去過磅時（按：職業拳擊比賽共分為十七個量級，開賽前雙方選手需測量體重，確保符合賽事規定；阿里為重量級拳王，體重限制在兩百磅〔九〇．七公斤〕以上），就用紙膠帶封住自己的嘴巴——連對手都被這個自嘲逗笑了。

預測對手在第幾回合倒地——吹牛的目的在於「表演」

阿里在世界錦標賽冠軍戰與利斯頓對決時，搭著紅白相間的巴士四處遊街，巴士掛著醒目的大招牌：「最偉大」、「世上最華麗的拳擊手」以及「桑尼．利斯頓會在八回合內敗北」（按：阿里在打敗利斯頓後舉起雙手高喊：我是最偉大的拳手〔I am the Greatest〕，從此「The Greatest」也成為他的綽號）。

有一天晚上，阿里打電話給幾家報社與電臺，告訴他們假如想要精彩的報導，就去利斯頓家一趟。凌晨一點，阿里搭著他的巴士到利斯頓家，走到路邊對這位重量級冠軍挑釁：「看我現在就打趴你！」

阿里其中一個最著名的公關噱頭，就是預測他的對手會在第幾回合倒地。在他之前，從來沒有拳擊手會這樣做，因此無論記者與觀眾都相當懷疑。阿里也從他生涯早期就開始創作短詩，之後也成為他的註冊商標。例如他曾跟記者說：

"This guy must be done, I'll stop him in one."

這傢伙一定倒地，我一回合就能搞定。

在另一場拳賽中，阿里預測他的對手會在六回合倒地。而他為了實現自己的預測，刻意摸魚了一整個回合，令賽事評論員覺得很不爽。

可是阿里「很喜歡自己的花招」，也很喜歡因為日漸大膽的行為而引來的額外關注，而且他深信受人關注會讓他贏得更快。

他越來越像在表演，並且將預測對手倒地化為自己的獨特賣點：「我不是最偉大的拳擊手，因為我比最偉大的拳擊手還強一倍。我不只擊倒他們，還可以算準他們在第幾回合倒地。我是當今賽場上最大膽、最華麗、最優秀、最科學、最精湛的拳手。無論在哪個賽場角落或俱樂部，我都是唯一敢跟粉絲嗆聲的拳手。我是史上最受人關注的拳手。我會講個不停，讓記者寫到手痠。」

一方面，阿里既好鬥又非常愛吹牛；另一方面，他放話的時候，通常都伴隨著囂張的眼神與大量的幽默感，讓他很受歡迎。

例如他在與利斯頓對決之前說道：「我不只想成為世界拳王，我要成為全宇宙的拳王。等我打趴利斯頓之後，我要打趴木星與火星上的外星人。我不會被外星人的外表嚇到，因為他們不可能比利斯頓還醜。」

在賽前與利斯頓一起量體重時（冠軍賽前的秤重，一直都是很無聊的例行公事），阿里簡直像瘋了一樣，大聲叫嚷、胡言亂語，還拿著一根拐杖到處敲地板。主辦單位動用了六名壯漢制住他（或「看起來」制住他），他才沒有在量體重時追打利斯頓。

許多旁觀者認為阿里失去控制、情緒不穩，甚至可能在與利斯頓對決前就崩潰了。然而，有一位記者更仔細觀察這起事件，發現這不過是一場精心設計的表演，發生的事情大部分似乎都是事先計畫好的。

阿諾在一九八〇年代成功讓健美紅起來（從美國開始紅遍全世界），而阿里在一九六〇年代，也讓拳擊賽事吸引到全球的關注。**但他並不認為自己的主業是運動員，反而更像**

娛樂事業中的明星。他甚至在生涯早期就很清楚這件事。

「我再也不覺得自己在打拳擊了。這是演藝事業。」根據他的傳記作者艾格表示，阿里是「拳擊界有史以來最會自我宣傳的選手」。

隨口一說就是名言？阿里背後有智囊團

一九六三年，阿里做了一件沒有拳擊手做過的事情：他出了一本獨白詩集，內容主要是在吹噓自己有多偉大：

我太偉大了，連我自己都很佩服自己……像我這麼偉大的人很難謙虛。他們（對手）必定會在我預測的那一回合敗北……我是小孩的完美模範：因為我長相帥氣，生活健康，既謙虛又有文化素養。

本書描寫的名人當中，有許多人都被真正熟識他們的人視為明顯的自戀狂，情緒從來沒有真正成熟過。而阿里就是這種人。當時美國最有名的體育記者之一——傑瑞・艾森貝格（Jerry Izenberg）說道：「他喜歡人群，這些人或許會令他感興趣一小段時間。但他與人互動多半都是以自己為中心——雖然不至於難看，但很孩子氣。」

綜觀整個生涯，阿里最吸引人的特徵之一就是他的短詩（一開始都是自己寫的）。這些短詩對他的作用，就像愛因斯坦或拉格斐的短詩與格言一樣，是塑造品牌形象所不可或缺的要素。

一九六三年，邦迪尼．布朗（Bundini Brown）成為阿里的隨行人員。邦迪尼自詡為作家，他替阿里寫出許多詼諧的詩句，展現出過人的才華。阿里最有名的名言——「如蝴蝶般飛舞，像蜜蜂般螫刺」（Float like a butterfly, sting like a bee），就是邦迪尼想出來的。

邦迪尼藉由這幾個字巧妙概括了阿里的風格，因此這句話很快就被四處引用，而阿里在生涯期間也講了好幾千次。乍看之下，阿里似乎是即興想出他的口號與詩句，但他其實都事先演練過了。

美國散文作家威福瑞．希德（Wilfrid Sheed）回憶道：「我真希望他是自己想出那些好笑的句子，但事實上，他背後有超大的資料庫。」

阿里學得很快，他會從其他運動明星學習新點子。有一次他跟「華麗喬治」（按：Gorgeous George，一九四〇、五〇年代最有名的職業摔角手）一起上廣播節目。雖然華麗喬治靠摔角致富，但他花在自我行銷上的時間與心力，可能比上場比賽時還多。

兩人一起接受電臺專訪後，阿里前往座無虛席的體育館，欣賞華麗喬治的摔角比賽。「竟然有一萬五千人來看這傢伙被海扁。」他說道。「不過他講的話真的很有效果。我不禁認為這個主意真是太棒了！」

「我和越共之間無冤無仇」——公關宣言讓他成了英雄

阿里會透過宣言與大聲自吹自擂，刻意挑釁眾人。他深信許多觀眾去看他的拳賽，只是希望看到這個囂張年輕黑人的「帥臉被揍爛」。阿里在生涯後其成為直言不諱的政治運動人士、公民權的代言人，以及越戰的頭號反對者。但在拳擊生涯的頭幾年，這些議題對他來說都不重要。

美國的公民權運動領袖對阿里很失望，因為他似乎對他們的理想沒什麼興趣。他們甚至還很氣他用種族主義的刻板印象，貶低其他黑人拳擊手。當時的阿里鮮少表達他對政治或種族議題的個人意見。

然而，後來他開始信奉「伊斯蘭民族」。這組織並不像馬丁・路德・金恩領導的公民權運動，而是堅決拒絕族群融合，並以黑人種族主義對抗白人種族主義。如今，阿里被認為是替非裔美國人爭取平權與族群融合的鬥士，但這並不是真的。

事實上，他自己抱持著隔離主義者的觀點：「在叢林裡，獅子跟獅子在一起，老虎跟老虎在一起，紅鳥跟紅鳥在一起，藍鳥跟藍鳥在一起。」阿里認為族群融合是錯的，黑人與白人應該分開生活。他也相信如果全世界的非白人能組成同盟，最後就能贏過占少數的高加索人。

非裔美國人的平權鬥士馬丁・路德・金恩，也批評過阿里：「當他加入黑人穆斯林，開始自稱卡修斯十世時，他就成了種族隔離的鬥士，也是我們要對抗的對象。」

阿里甚至還稱讚右翼偏激政客喬治・華萊士（George Wallace）的隔離主義觀點，令美國人百思不得其解。一九六四年三月，阿里成為伊斯蘭民族的成員，並改名為穆罕默德・阿里。他樹立了許多敵人——而且白人與黑人皆有。「阿里應該是一九六五年美國最討人厭的人。」他的傳記作者艾格寫道。

隨後阿里因為拒絕接受徵召入伍及反對越戰而聞名。他聲稱採取這種反抗舉動的理由是：「人會隨著時間而改變」——完全沒增加他的可信度。有一次他說美國是基督教國家，而他信奉的宗教禁止他代表「非信徒」打仗：「根據《古蘭經》的說法，我們連遞杯水給傷者都不行。我的意思是，《古蘭經》就是這樣。」

阿里拒服兵役的宣言中，最有名的一句話是：「我跟越共之間無冤無仇。」這句話被全美國瘋傳，並且印在T恤上，成為阿里最常被引用的宣言之一。阿里透過這些字句，與一九六〇年代的反越戰世代站在同一陣線。對某些人來說，他成了英雄，但也有許多美國人被他不愛國的態度冒犯，因此棄他而去。

隸屬《紐約時報》的記者亞瑟．戴利（Arthur Daley）首先號召抵制阿里，並表示大家應該拒看他的拳賽（無論現場還是電視轉播）：「阿里本來可以成為最受歡迎的拳王。但他依附仇恨組織，並且因為自吹自擂，以及鄙視最基本的愛國心，而引起所有人的敵意。」

一九六五年，世界拳擊協會與紐約州體育委員會決議取消阿里的拳擊執照；後來其他拳擊協會也跟進辦理，阿里的世界冠軍頭銜因此被取消。一九六七年六月，阿里因為拒服美國兵役而被判五年徒刑，但他其實從來沒進過監獄，而且這個刑期在三年後也被撤銷了。

阿里與美國民眾的衝突，因為他與伊斯蘭民族的爭執而更加惡化。當阿里宣布他為了賺錢而想重返拳賽時，令伊斯蘭民族勃然大怒。不過，伊斯蘭民族的領袖以利亞．穆罕默德覺得阿里冒犯了他，其實有點說不通，因為他以前不但接受阿里參加體育活動，連他的兒子都靠體育賽事賺了不少錢。

雖然阿里持續信奉伊斯蘭民族，但以利亞．穆罕默德最後還是撤銷他的會員資格。在一九六九年四月四日發表的聲明中，以利亞．穆罕默德簽署了以下字句：「穆罕默德．阿里先生不應該再使用穆罕默德．阿里這個神聖的名字。我們將會稱呼他為卡修斯．阿里。

我們從他那裡收回阿拉的名字，直到他證明自己值得那個名字為止。」

儘管有這個聲明，阿里還是繼續自稱穆罕默德．阿里，並依舊堅稱自己忠於伊斯蘭民族與他的信仰。真要說的話，他因為被撤銷冠軍與拳擊執照，而被迫中斷的三年拳擊生涯（一九六七年至一九七〇年），其實對他而言是好事。

帶風向，要和政治人物一樣「綁樁」

正如歷史學家吉姆．雅各布斯（Jim Jacobs）所言：「就某些方面來說，被逐出拳賽應該是阿里遇過最棒的事情。」在阿里被迫停止出賽之前，有許多美國民眾已經開始批評他。「更糟的是，他們已經聽膩他的事情了。」阿里遭到驅逐，反而多出空間能夠重新與人們創造連結。就連對拳擊毫無興趣的人，都開始把阿里當成一種精神象徵。

就算被逐出賽場，阿里還是繼續進行他的公關活動，只是方法不同了。他在國內四處旅行，並為許多活動演講。雅各布斯說道：「就某方面來說，這很像總統候選人在為黨內初選綁樁。」

三年多的空窗期之後，阿里回到賽場，風向已經對他有利了。儘管他被逐出拳賽很長

▲圖 5-2　1974 年，在激戰 12 回合後，最終由阿里拿下「世紀之戰」的勝利。

一段時間，他的出場費卻比以前高很多，成為當時收入最高的運動員。

當時阿里與世界冠軍佛雷澤的對決被稱為「世紀之戰」（圖 5-2），阿里因此賺了至少兩百五十萬美元，遠高過其他拳手的收入，換算到現在約等於一千五百萬美元。

在與佛雷澤的傳奇對決之前，阿里重拾老習慣，預測對決的結果，但這次多了新的花樣。為了跟大家開玩笑，他想出以下噱頭：在電視轉播前五分鐘宣布結果，他會從密封的信封中抽出一張紙，紙上會寫著他預測自己在第幾回合內擊倒佛雷澤。

兩人對決前夕，阿里把佛雷澤說成白人的希望，但佛雷澤也是黑人。「他讓佛雷澤被黑人排擠。他不斷把喬與白人的權力結構劃上等號，還講出這種話：『任何支持喬．

佛雷澤的黑人都是叛徒。』」記者大衛・沃夫（David Wolf）在報導中寫道。

在某次電視脫口秀上，阿里甚至還說：「會支持佛雷澤的人，只有穿西裝的白人、阿拉巴馬州的警長（按：指吉姆・克拉克〔Jim Clark〕，因壓迫黑人而著名的阿拉巴馬州警長），以及3K黨的成員。而我是為了市井小民而戰。」

阿里這種抹黑別人的宣傳方式，讓佛雷澤怨恨了一輩子：「一會兒說我是『湯姆大叔』（譯按：對白人卑躬屈膝的黑人）；一會兒又說我是白人的拳王。這些全都是假話，要讓大家敵視我。他是在幫自己，不是幫黑人。」其實這一招不只用在佛雷澤身上，阿里只要對上黑人拳擊手都是這樣。

一九七四年十月三十日，阿里在薩伊（譯按：現在的剛果民主共和國）迎戰喬治・福爾曼（George Foreman）。這一戰之後被稱為「叢林鬥毆」，名留拳擊史。

對決之前，阿里前往薩伊做公關巡迴，以贏取該國人民的心。在前往薩伊的班機上，阿里的顧問解釋說，阿里針對福爾曼的攻擊，在非洲的效果可能沒有比美國好。

薩伊大多數人口都是基督徒，很少人知道「湯姆大叔」的意思，可是阿里以前都用這個詞來貶低他的黑人對手。阿里想了一下，然後問說薩伊人民痛恨什麼人。有人向他解釋，前比利時殖民地的人民應該最痛恨比利時人，於是阿里心生一計。他一抵達薩伊就大吼：「我是最偉大的拳手！」然後很快又接了一句：「喬治・福爾曼是比利時人！」

阿里之前已經將福爾曼（同樣是黑人拳擊手）說成白人的希望，現在他才剛抵達薩伊幾分鐘，又已經把福爾曼抹成壓迫剛果人的殖民主義者。有一次他甚至變本加厲，把福爾曼抹成「所有黑人國家的壓迫者」。

就跟賈伯斯把蘋果與ＩＢＭ定調為正邪之戰一樣，阿里把兩個黑人拳擊手的對決，轉變為對抗黑人國家的壓迫者。「如果他贏了，我們就要再當三百多年的奴隸。」阿里在一次賽前訪談說道。「假如我贏了，我們就自由了。」

在某些場合，阿里完全誤判了他誇大其辭所造成的影響。而他在與福爾曼對決前夕說過的某一段話，更是讓他惹上麻煩：「你們這群傢伙要是沒有認真看待我，認為喬治·福爾曼會把我打趴，那麼你們去非洲的時候，蒙博托（Mobutu）的人民會把你們丟進鍋子裡煮，然後吃掉你們。」

薩伊的獨裁者蒙博托，花了一大筆錢讓比賽在薩伊舉辦，可想而知他聽到阿里這麼說時有多生氣，因為他原本的期待是，用這場全球盛事來宣揚自己的名字與國家。

兩天後，蒙博托的外交部長致電給阿里的經紀人們，譴責他們與阿里。「請轉告阿里先生，我們不是食人族；我們不會吃人。我們辦這場比賽是為了創造貿易與幫助我們的國家，而阿里先生的言論正在傷害我們的形象。」

阿里最終在第八回合擊倒對手獲勝，成功衛冕世界拳王，打破「拳王永遠不會衛冕」

的鐵則——在他之前只有佛洛伊德・帕特森辦到。

反抗潮流還不夠，成為主流才能歷久不衰

接下來幾年，阿里逐漸淡化自己的政治立場，他鮮少再像以前一樣，把白人說成惡魔。雖然他依舊忠於伊斯蘭民族領袖以利亞・穆罕默德，但不再像以前一樣，經常提起他有多虔誠。

他不再前往校園呼籲反對越戰，也停止發表煽動性的政治言論。他給人的印象就是：之前發生過什麼事都不重要，最重要的是他樂意重返拳賽。

傳奇美式足球員吉姆・布朗（Jim Brown）曾說：「當阿里重返拳賽時，他成為美國的寵兒。這對美國來說是好事，因為黑人與白人因此而團結。可是美國喜愛的阿里，並不是我最喜歡的阿里。我對他的感覺再也不像從前，因為我喜愛的鬥士已經消失了。某方面來說，他已成為體制的一部分。」

阿里甚至還收回他那句：「我跟越共之間無冤無仇。」如今他宣稱自己依舊認為拒絕徵召是對的，但是：「我不該講那句跟越共有關的話。我應該用不同方法應對徵召。根本

就沒理由引起公憤。」後來他又數度表示後悔。此外他還修正自己以前身為拒服兵役者的立場——假如美國遭受攻擊，他願意挺身而戰。

阿里在一九六〇年代是左翼學生的英雄，如今卻惹惱了許多之前的支持者，因為他公開支持共和黨總統候選人隆納・雷根——左翼人士最痛恨的人物。

二〇〇五年，阿里從共和黨總統小布希手中接下「總統自由勳章」——美國最高的平民榮譽，這也證實阿里與美國和解了。

顯然改變的不只是阿里，美國也改變了——阿里與美國的時代精神已經重新交會。**阿里的人氣之所以歷久不衰，不只是因為他反抗主流，而是他還成為新主流的一部分。**

一九六〇年代，阿里是抗爭運動的頭號人物、公民權的代言人，以及激進的反越戰人士。他為了非裔美國人的理想與反對越戰而奮鬥，因此被鄙視的程度與被欣賞的程度差不多。

但當這些仗已經打完，新美國在一九七〇、八〇年代興起時，阿里選擇適應時代變化，並與他的國家和解。而他的國家也支持他。「我在拳擊場上比賽，只是為了想紅起來。」阿里坦承。「我從來不喜歡拳擊。我也從來不喜歡傷害別人、把人打倒。但這個世界只認得權力、財富與名聲——它們的先後順序就是這樣。」

拳王阿里成名的藝術

- 誇大至極的自吹自擂：就連川普的吹牛都無法比擬阿里的自誇（例如：我最偉大、我最華麗）。他很清楚早期許多觀眾去看他的拳賽，只是希望看到這個囂張年輕黑人的「帥臉被揍爛」。
- 不厭其煩的宣傳自己：幾乎沒有任何運動員像阿里一樣，接受這麼多次訪談，或從運動生涯初期就如此接納媒體。他甚至在成為世界拳王前就出名了。
- 有創意的公關：為了讓照片登上《生活》雜誌，他編了一個在水中訓練的故事。他在賽前預測自己將在第幾回合擊倒對手，為比賽製造張力。他還將自己賽前的無聊秤重過程變成大新聞。
- 在拳擊生涯的初期，阿里就將口號與短詩化為獨特賣點：「如蝴蝶般飛舞，像蜜蜂般螫刺」。
- 挑釁：阿里不怕激起對立，或藉由表達他的（政治）看法來挑釁眾人。他堅持有話直說，因而提升了自己的人氣。
- 阿里將自己的拳賽定調為「解放黑人之戰」。就連對上其他黑人拳擊手，他都會將對手貶為「湯姆大叔」與「白人的拳王」。在與福爾曼對決之前，阿里宣稱：「如果他贏了，我們就要再當三百多年的奴隸；假如我贏了，我們就自由了。」

- 阿里反抗主流，卻塑造了時代精神，並順應持續變化的社會風俗與態度，哪怕這樣做會讓一些粉絲失望。

第六章

人們會對胸懷大志的人抱有期待

「我可以給你一個漂亮的答案，一切都平安喜樂，可是這樣就沒人在乎、也沒人會報導。或者，我可以給你一個誠實的答案，然後引起軒然大波……大家已經很厭倦政治正確這件事了。」

——唐納·川普

唐納・川普很會挑起對立，而且早在他步入政壇之前就開始這麼做了。他人生中的任何事，都沒有比「變得更出名」更重要；儘管川普有些公司賠了很多錢，但他知道怎麼行銷自己的名字，並將他的名氣化為金錢。

在許多情況下，川普只是把名字「借」給公司而已，所以即使公司賠錢，他還是能以授權人的身分繼續賺錢。《揭密川普》（*Trump Revealed: The Definitive Biography of the 45th President*）作者邁克爾・克拉尼什（Michael Kranish）與馬克・費雪（Marc Fisher）寫道：「唐納・川普的人生信條是：所有關注，無論是奉承、批評還是兩者之間，都會累積他的利益。他的個人形象定義了自己的品牌，他就是品牌本身。」

川普並不像大多數的有錢人。正常的情況下，有錢人會想盡辦法保護自己的隱私。例如德國連鎖超市奧樂齊（Aldi）的創辦人——卡爾・阿爾布雷希特（Karl Albrecht）與西奧・阿爾布雷希特（Theo Albrecht）——德國最有錢的人，他們會確保自己永遠不會出現在照片中，也幾乎不同意受訪。

他們的私人生活籠罩在神祕的氣氛中，而且離群索居，就跟其他有錢人一樣。然而川普剛好相反，是「極少數不顧隱私的億萬富翁」，他會邀請攝影師拍攝他辦公室的榮譽牆（譯按：懸掛個人文憑、證照、榮譽證書及與名人合影等的牆壁）。他炫富、揮金如土、操作媒體，讓自己能整天出現在八卦版、商業版、體育版與頭版。

▲圖 6-1　成功、奢華、財富與美女是川普的招牌特徵。
photo credit：Pictorial Press Ltd / Alamy Stock Photo

《川普的真相》（*The Truth About Trump*）作者迪安東尼奧說道：「數十年來，沒有人比他更持續受到全國的關注。」早在一九八〇年代，美國績效管理咨詢公司蓋洛普（Gallup）的一份調查，就已揭露川普受人崇拜的程度是全世界第七——僅次於教宗、波蘭民間英雄萊赫・華勒沙（Lech Walesa），以及當時還在世的四位美國前總統。

川普不介意報紙「怎麼」寫他，他只在乎報紙「有沒有」寫到他。主題怎麼換都無所謂（金錢、政治、女人），報導的內容也不重要。他唯一真正關心的是報導是否顯眼。

數十年來，川普每天第一件事就是瀏覽所有提到他的新聞。由於他是美國第四十五任總統，他的名聲已聞名全世界，但早在他當上總統之前，幾乎所有美國人都很熟悉他了——根據調查顯示，九六%的美國人認得他的名字。以下是構成川普品牌重要的幾個要素：

成功

川普是美國夢的化身，之後提到的其他重點都沒有這件事情重要。無論他高價購買房地產、勾引美女、獲得高收視率或是成為美國總統，這一切顯然都證明「川普」這個名字就是「成功沒有極限」的同義詞。

迪安東尼奧寫道：「商業界沒有任何人（包括比爾・蓋茲、史蒂夫・賈伯斯與華倫・巴菲特）能跟川普一樣成名這麼久。在一九七〇年代，川普剛開始進入曼哈頓高價不動產開發的產業時，他的名字很快就成為了成功的同義詞。」

金錢

其他富翁通常都不願受到《富比士》之類的雜誌關注，因為這些雜誌會發表美國年度富豪榜。川普卻經常聯絡雜誌編輯，說他的財富比報導所說的還多。事實上，川普跟《富比士》之間一直都有爭執：「我們的經驗法則是，不管川普說什麼，都要先除以三。」《富比士》的總編輯哈洛德・塞內克（Harold Seneker）表示。

一九九九年，川普說《富比士》估計他身價十六億美元，比實際上少了三十億美元。「我們很喜歡川普。」哈洛德解釋道。「他會回我們的電話，請我們吃午餐，甚至還估計了自己的財產淨值（四十五億美元）。但無論我們多麼努力嘗試，都無法證實這個數字。」

川普自己估計的資產價值，總是高於年度排行榜上的數字，因為他把川普品牌的價值捧得很高。有一次他以「川普品牌的價值」，來說明為什麼會出現兩個截然不同的財產估計值——六十億美元與三十五億美元。

根據川普的說法，他的名字值二十五億美元。雖然沒有出現在Interbrand（譯按：位於紐約的行銷顧問公司）的最有價值品牌排行榜，但川普在二〇一〇年某份新聞稿中又聲稱，根據估計，他的名字值三十億美元。這使「川普」二字成為他自己的資產中最有價值的項目，因為他的房地產與其他投資都沒有這麼高的價值。

美女

當時的川普既年輕又多金，對女人來說很有吸引力。而且他也盡其所能，系統性的培養「女人看到他會興奮尖叫」的形象。他身邊有不少美女，包括模特兒與選美比賽（他自己辦的）的冠軍，正是他成功的證明。

「許多年來，他都會打電話給專欄作家們，請他們為他剛追到手的女生評分，尺度為零到十。」費雪在書中寫道。以前川普甚至還會用假名（米勒或巴倫）打電話給記者，假裝是川普的公關人員。

在川普與第二任妻子瑪拉．梅普爾斯（Marla Maples）離婚後，他甚至打電話給一位記者，說他「老闆」可以從一整群美女中挑選下一任女友。「地位崇高的美女一天到晚打電話給她。」自稱公關人員的「米勒」說道。

「他列舉了幾個名字，包括瑪丹娜。基本上好萊塢所有正妹都被他講完了。」那位記者回憶道。川普的「第二人格」還繼續吹噓說，川普除了跟梅普爾斯同居，還有「另外三個女友」。

川普在《大膽想，出狠招》（*Think Big and Kick Ass in Business and Life*）中寫道：「美麗的女人、有名的女人、成功的女人、已婚的女人——我全都追到手過，而且都是世界級的名人，但我不像傑拉多（Geraldo Rivera，美國電視節目主持人）一樣會講出來。如果我講了，這本書應該可以賣到一千萬本吧（呃，搞不好本來就可以賣這麼多）。」

他說自己的女人是世上最美的：「我可以約到（上到）她們，是因為我有許多男人所沒有的東西。我也不知道那東西是什麼，總之女人很喜歡就對了。」

公眾人物應該政治正確？我只要聳動的標題！

川普從來就沒有要討好所有人。他通常都會說出刻意挑釁的言論，因為他知道這些話會引起媒體注意。川普解釋道：「關於媒體我學到一件事，就是他們總是渴求好故事，而且越聳動越好……重點在於，假如你有點不一樣、有點嚇人，或假如你做了大膽、有爭議的事情，媒體就會報導你。我做事總是有點不一樣，我不怕起爭議，而我的生意都滿有野心的。」

這種策略對他二〇一六年的勝選可謂貢獻良多。隨著競選活動進行，川普的言論越來越挑釁、偏激，因為他確信這樣會產生大量的媒體報導。結果證實他是對的，沒有其他候選人跟川普一樣，受到這麼多媒體關注。

雖然報導主要是負面的，卻沒有損害他對基本盤的訴求。且剛好相反，對他的粉絲們來說，批判性的報導反而證明「建制派」（他們痛恨的對象）企圖阻擋川普的白宮之路。

川普一方面對負面報導感到非常難受，但另一方面他又覺得可以利用這些報導。畢竟，他在當不動產企業家時已經學到教訓：「有趣的是，就算是對個人很傷的批判性報導，也可能對你的事業很有價值。」

就連關於他與第一任妻子伊凡娜（Ivana）離婚的醜聞頭條，他都能從中看到好的一面。川普的父親抱怨這件事害他差點中風，川普的小孩也深受其害，但川普卻向《新聞週刊》（*Newsweek*）表示，這個醜聞「對他的事業頗有幫助」。

川普的形象是基於**他願意說出別人想說卻不敢說的話**。在美國，「政治正確」已經持續扮演著很重要的角色。許多人認為他們不能自由評論特定議題，因為他們一講就會被貼上種族歧視、性別歧視、伊斯蘭恐懼症或同性戀恐懼症等標籤。

川普的前一任總統巴拉克．歐巴馬（Barack Obama），甚至還因為某次正面評價當時的加州總檢察長賀錦麗（Kamala Harris）而道歉——因為他的稱讚並不政治正確（按：歐巴馬在出席一場慈善晚會時，稱讚相識多年的加州總檢察長賀錦麗是「全美國最漂亮的總檢察長」，引發婦女團體抗議，認為他在物化女性）。

另一方面，川普公然無視說話的分寸，並完全不甩政治正確的禁忌——這些特質都讓他的追隨者感到很痛快。雖然川普經常被抓到說謊，但他的追隨者卻說他很誠實，因為他總是想到什麼就說什麼：「我可以給你一個漂亮的答案，一切都平安喜樂，可是這樣就沒人在乎、也沒人會報導。或者，我可以給你一個誠實的答案，然後引起軒然大波……大家已經很厭倦政治正確這件事了。」

川普也總是很喜歡炫耀自己的奢侈生活。他全身穿金戴銀，哪怕別人會覺得俗氣。雖然他個人不怎麼喜歡搭船旅遊，他還是斥資兩千九百萬美元，買了全世界最大的遊艇。然後再花八百萬美元，依照自己的喜好重新裝潢遊艇——連水槽與螺絲都鍍上了金。

知識分子與白領專業人士嫌惡的東西，其實讓許多平凡的美國人很羨慕。記者喬治．拉許（George Rush）表示，藍領工人與移民特別愛看川普的相關文章：「他為他們實現了美國夢。在紐約鋪張、炫耀的消費，對許多人來說其實不是壞事。川普做的事情有點像漫畫，而我總覺得他也知情。他知道自己其實過頭了，但他就是喜歡這樣生活。」

拳擊、摔角、實境秀，川普是有著平民興趣的億萬富翁

許多經驗豐富的政治觀察家，都很訝異草根階層的民眾居然這麼認同川普這個億萬富翁。但這些凡人跟知識分子之間的隔閡就深很多，因為知識分子講話通常都咬文嚼字，並且會因閱讀的習慣而自豪。

事實上，川普的形象遠比他真正的生活還有吸引力。在《揭密川普》一書中曾寫道：「川普非常希望自己成為大名人，所以他會刻意培養自己的名氣。但他的生活方式卻意外的無趣。某方面來說他極度自律：不抽菸、不喝酒、住在他工作的地方。他從來就不是紐約的社交名流，反而比較喜歡上樓看電視。他只對自己的名氣與事業有興趣——建設、不動產、賭博、摔角、拳擊。」

就許多方面來說，川普的生活方式與興趣其實更接近一般的美國人，而非受過教育的精英。他寧願欣賞拳賽、摔角、電視實境秀，也不願泡在高雅文化、書籍或戲院裡頭。

許多勞動階級的美國人都想要忠於自我——有很多錢做自己想做的事。而這正是川普所體現的事情，**這位億萬富翁說著勞動階級的語言，而且興趣也一樣**；相較於因為閱讀高雅文學作品或欣賞藝術而自視甚高的知識分子，他真的截然不同。

川普對於知識分子們熱中的主題毫無興趣，反而對流行文化知之甚詳。當《暮光之城》演員克莉絲汀・史都華（Kristen Stewart）發生不倫戀時，他說：「她背著男友偷吃，就像條狗一樣。」

他甚至還建議歌手凱蒂・佩芮（Kate Perry）小心約翰・梅爾（John Mayer，創作歌手），因為「他只要約到女生就會四處炫耀」。根據迪安東尼奧表示：「身為一位電視明星，**川普了解趕上流行與趨勢以保持『略懂』，是多麼重要的事情**。」畢竟讓川普成名的，並非商人或政客等身分，而是電視藝人，以及《誰是接班人》（*The Apprentice*）等實境秀的主持人。

投資不靠理性，只要聲勢浩大就好

川普要蓋或買什麼種類的房子，通常都取決於它是否有助於建立川普品牌。

雖然川普的父親為布魯克林的中產階級，以興建設備齊全且實用的公寓起家，他卻被高級的曼哈頓所吸引，並用天價購買房地產，像是廣場飯店（Plaza Hotel），因為這座飯店有著文藝復興風格的外觀——對他來說這比飯店的獲利能力還重要。

紐約廣場飯店（見下頁圖6-2）確實是個傳奇，也是唯一列入《國家史蹟名錄》（按：National Register of Historic Places，是美國聯邦政府認為值得保護的建築財產官方列表）的美國飯店。這棟宏偉的飯店，第一批客人是阿爾弗雷德・G・范德比爾特（Alfred G. Vanderbilt，美國富商）賢伉儷與僕人；它曾經當過無數電影與電視影集的背景。而這也是川普想擁有它的原因，哪怕這筆投資從商業角度來說毫無道理。

川普自己承認：「無論廣場飯店有多成功，我都無法合理化自己支付的價錢。」他的目標就只是想獲得一個「戰利品」，更加強化他的形象。他還補充：「但我做的事情，讓紐約有機會可以擁有一間無與倫比的飯店！我承諾要讓廣場飯店成為紐約最棒的飯店，或許還是全世界最棒的飯店。」

稍微想一想，就會發現川普這句話很荒謬：他給紐約「機會」成為奢華飯店坐落的地點，可是這間飯店早就已經在那裡了，而且儘管川普成為這間飯店的老闆，他的說法還是紐約應該「擁有」這間飯店。

只要是理性的房地產投資人，都不會像川普一樣支付這麼高的價錢：「如果算上利息，

▲圖 6-2　紐約廣場飯店是建立「川普」品牌的工具之一。

廣場飯店的八百一十四間房間必須每晚都住滿，一晚五百美元（平均房價的兩倍多），才有可能打平支出。」

事實上，這間飯店是糟糕的投資，川普被迫向債權人交出幾乎一半的所有權，以及賣掉整間飯店的權力，才能減少他無法負擔的高額利息。最後投資人將四百五十間可以看到中央公園與第五大道的房間，改建成一百五十間公寓，只留下三百四十八間房間（而且只能看到第五十八街，對於飯店來說是較無吸引力的景色），才轉虧為盈。

除了廣場飯店，某些川普的

投資也大有問題。為了壯大聲勢，他經常用過高的價錢購入這些標的物。

至於他那些比較成功的房地產，雖然完全不屬於他，卻都裝飾著巨大的金色字樣——「川普」。有些地產擁有者會支付川普高額的特許權費，以使用川普的名字，川普就這樣藉由自己建立的「品牌」獲利。

然而對局外人來說，這些掛著川普名字的不動產，好像全都是川普持有並開發的——有時川普甚至還刻意給大家這種印象。對他來說，這是非常棒的生意，因為就算他的合夥人遭遇巨大的財務問題，他還是能靠授權費賺錢。

誇張的自吹自擂——人們會對胸懷大志的人抱有期待

川普從來不低估自己。他已經好幾次說自己最偉大、最棒，比世界上或人類史上任何人都棒。以下舉幾個例子：「沒有人比我會蓋高牆。」；「沒有人比我更尊重女性。」；「美國歷史上沒有人像唐納．川普這麼懂基礎建設。」；「我當兵的時候，沒有人比我更大尾、更優秀。」；「我比將軍們更懂ＩＳＩＳ（伊斯蘭國軍事集團）。相信我。」；「沒有人比我更懂貿易。」；「沒有人像我一樣懂工作！」；「沒有人比我更了解核戰的恐怖。」；

「搞不好這世界有史以來，都沒人比我更懂稅賦。」；「抱歉啦，魯蛇與酸民，我的智商可是數一數二的！所以請別覺得自己太笨或感到不安，因為那不是你們的錯。」

有一次川普甚至說：「我是上等人。」然後又補了一句：「我只坐頭等艙。」而當他面對批評時（在此例中是被批評種族歧視），他也總是用文法中的最高級形容詞來回應：「說到種族歧視，以及種族歧視的人，我是這族群裡頭最沒有種族歧視的了。」

川普如此解釋他誇大言辭背後的媒體哲學：「我的宣傳方式，最終關鍵在於虛張聲勢。我迎合人們的幻想，人們自己或許不會總是胸懷大志，但他們還是會對胸懷大志的人感到興奮、期待，這就是為什麼講話稍微誇張一點也無傷大雅。人們想要相信某件事物是最大、最棒、最壯觀的。我稱它叫做誠實的誇張（truthful hyperbole）。」

川普形容他的言論「有一點誇張」，當然是比較委婉的說法——而且一點都不誠實。不過，他顯然是仰賴於一個事實：雖然大家不會對他的話照單全收，但他們會認為「其中有幾分可信」。

幾乎每個人偶爾都會講出誇張的話（就算沒有川普這麼離譜），因此他們會假設這種話有幾分是真的。此外，**人如果有勇氣說出弱者想說卻永遠不敢說的話，就會被弱者認可**。

川普的競爭者（其他不動產開發商）經常開他的玩笑，但也會被他的愛現給嚇到。他們知道川普絕對不是全紐約最重要或最大尾的不動產投資人，更別說全美國了（但川普就是這樣自誇）。不過川普並不介意競爭者怎麼看他，他感興趣的是另一件事——引起最大的關注。

川普隨時都準備好用任何手段上頭條。其他企業家或政治人物覺得超丟臉的事情，他全都敢做。舉例來說，川普的朋友文斯．麥馬漢（Vince McMahon，世界摔角娛樂ＷＷＥ的總裁）曾邀請他參與一次ＷＷＥ的活動——「億萬富翁之戰」，而川普當然沒放過這個好機會。

川普挑了一個摔角手代表自己——鮑比．萊斯利（Bobby Lashley），一百四十公斤重，肌肉結實。而麥馬漢挑的是「Umaga」，一百八十公斤重的薩摩亞人。假如川普輸了，麥馬漢會在八萬兩千名尖叫的粉絲面前，將川普剃成光頭。對川普來說，這次活動的收穫非常大，正如他在《大膽想，出狠招》裡寫的：「《紐約時報》大篇幅報導這個活動有多麼成功……它創造了許多話題。」

破產也是成功事蹟之一——英雄總是要克服障礙

川普有幾間公司都曾宣告破產，而且在一九九〇年代初期，連他自己也差點破產，最後是銀行介入並拯救了他。但川普從來不隱藏這些挫折。事實上，他已經將這些挫折融入自己的成功事蹟中。

川普將經典英雄傳奇故事的要素——英雄被迫克服看似無法克服的障礙，以追求更偉大的最後勝利——寫進自己的故事裡。

羅馬哲學家兼演說家西塞羅（Marcus Tullius Cicero）有一句名言：「難度越高，榮耀就越大。」在與比爾．詹克（Bill Zanker）合著的《大膽想，出狠招》中，川普坦承：「九〇年代我幾乎失去了一切，但我已經完全度過難關，然後存活下來並茁壯成長。」

有一天他跟當時的妻子梅普爾斯一起走在街上，然後他指著一個遊民說道：「那邊的乞丐身價比我還高九億美元……因為我負債九億美元。他至少口袋裡還有點錢。」當時他就像去地獄走了一遭。

「我非常尊敬那些遭遇逆境後重新站起來的人。我在九〇年代初期也是其中之一。我度過一段很艱困的時期，也充分反省自己，接著重新站起來，比以前更大、更好、更強。」

事實上，就連破產都成為川普品牌不可或缺的一部分，因為在崇拜者的眼中，**川普的品牌就像美國夢的化身——任何人都可以達成任何事情**。

為了傳達他的訊息，川普總是用盡所有媒介——媒體新聞、電視、講座、社群媒體，書籍等。他第一次登上媒體是大學一年級的時候（至少他是這麼說的），出現在地方報紙的棒球比賽報導。

「川普為紐約軍事學院（NYMA）贏得比賽。」之後他回憶道：「看到我的名字印在報紙上，感覺還挺爽的。有多少人上過報紙？沒幾個吧。這是我第一次登上報紙，我覺得這感覺很驚奇。」

川普的傳記作者迪安東尼奧說這次「初嘗成名滋味」，可能就是點亮川普人生的火花。「成名就表示大家認同唐納・川普是個特別的孩子。他非常感激這次經驗，由此可見他知道有許多人想成名，卻幾乎都失敗了。」

雖然他幾乎不看書，卻出版過一些其他人替他寫的書。他自己則負責行銷與引起媒體關注。他的新書首賣會總是辦得像總統競選活動一樣，還會買下報紙全版廣告，推銷自己與他的書。

由於電視節目《誰是接班人》的成功，川普的名氣達到了全新的高峰。現在他有自己的電視節目，而且他也是節目製作人之一、並持有五〇％的股份，所以算是不錯的小生意。

這節目基本上就是川普帝國與其生活方式的長篇廣告。「我是紐約最大的不動產開發商。」川普在節目片頭中說道。他坐在豪華轎車內，與坐在公園長椅的遊民形成對比。

「到處都有我的大樓。模特兒事務所、環球小姐選美比賽、噴射客機、高爾夫球場、賭場，與海湖莊園（Mar-a-Lago）之類的私人渡假勝地……我已精通做生意的藝術，並將川普這個名字化為最高品質的品牌。」

川普總共主持了十四季（按：二〇一五年川普參選總統後，節目改由阿諾・史瓦辛格主持），也讓《誰是接班人》成為美國最成功的電視節目。這個節目從第一季開始就登上收視率前十名，而最後一集則吸引了三千名觀眾收看。

這個節目讓川普可以稍微有點「人情味」——好心的億萬富翁，偶爾會開開玩笑，或出人意料的改變心意。川普也將這個節目的高人氣化成現金，他擴大了自己品牌的授權部門，以囊括川普所有掛名商品：飯店、服飾、家飾、眼鏡、金融服務供應商、航空公司，甚至連床墊都有。

到了二〇一六年，川普已經有二十五個不同的授權生意為他創造收入。如果川普掛名的產品與公司成功了，川普就可以沐浴在榮耀之中；如果它們失敗了，他就會強調這些產品跟他無關，只是掛著他的名字而已。

川普另一個成功原因，在於他總是採用涵蓋所有媒體的策略，增加他的人氣。除了報紙、電視與書籍，他有時甚至還會去參加講座。例如擔任美國作家東尼・羅賓斯（Tony Robbins）勵志研討會的來賓，每場可以令他進帳十萬美元（以及名氣）。

川普之所以決定步入政壇，主因並非他受特定的政治立場驅使，或承諾要達成特定的政治理念。他對於各種議題的想法（賦稅政策、槍枝管制、墮胎）都太善變了。他在一九九九年至二〇一二年之間，換過七次政黨傾向，他的立場似乎跟天氣一樣捉摸不定。

舉例來說，一九九〇年初期，他主張反轉雷根總統（Ronald Reagan）的減稅政策，並將最高稅率提升至五〇％～六〇％。這種情況下，他是擁護傳統的左翼政策，比較接近喬治．索羅斯（George Soros）、華倫．巴菲特，與其他某些美國億萬富翁。

身為改革黨（Reform Party）的總統提名候選人，他也鼓吹過一些左翼擁護的政策：減少聯邦赤字的重稅、讓同性戀也可以當兵的政策，以及由僱主投保、補助窮人的全民健保。所以就算他的信念改變了，他行銷自己的能力還是沒變。二〇一六年競選活動期間，他比任何競爭者都更擅長使用社群媒體，尤其是推特。推特與川普宛如天作之合，能讓他避開批判性的媒體，並直接與他的粉絲交流，還為他既精簡又挑釁的訊息提供一個平臺，遠比一般政治人物的新聞稿與訪談還有效果。

這世界上幾乎沒有任何企業家或政治人物，如此執著於公關活動與追求關注。有人曾問川普的前妻伊凡娜，她覺得前夫的動機是什麼？她想了一下，最後說道：「我覺得他就是想被人注意。」

對川普來說，沒有任何事情比被人注意更重要——就連他的髮型都成為了經典的註冊商標，反映了他的個性。雖然稱不上好看，但很好認，且最重要的是很吸睛。

「你或許會取笑川普的髮型，但正因為他煞費苦心吹出這種髮線，再加上矯揉造作的

▲圖 6-3　除了招牌髮型，川普也經常藉由誇張的表情和手勢吸引眼球。

光澤，你才能立刻認出他。」作者迪安東尼奧說道：「少了這頂髮型，他就算站在川普大廈前面也不會有人認得。但只要有這頂髮型，他就會被群眾團團圍住。他的髮型有吸引力，等於在頭頂上放了一塊告示牌，即使他一開始可能並非刻意為之。」

雖然在人生某些階段非常有錢（只是沒有他自己說的這麼有錢），最後甚至登上全世界權力最大的政治地位——美國總統，但他的志向永遠都不是以金錢或權力為主。

對川普而言，金錢跟權力本身並不是重點，它們都只是追求更大名氣的手段。唯有全世界開始每天談論川普，他才算真正達成自己的目標。

川普段成名的藝術

- 分化、挑釁：川普再三用明目張膽的言論挑釁眾人，以登上頭條——「媒體有報導他」比「媒體怎麼報導他」重要。
- 不斷爆料自己的私人生活，讓媒體有新鮮的頭條可寫。
- 川普將自己定位為「贏家」，跟「輸家」相反；他藉由炫耀自己的成功來證實自己是贏家：財富、美女、奢侈、黃金。就連投資不動產，他通常都把聲勢看得比獲利能力重要（例如曼哈頓的廣場飯店）。
- 誇飾法與極度自吹自擂：川普講話非常誇張，並希望他的追隨者相信「他的話必定有幾分是真的」，即使他們不會照單全收，也知道川普的實話是有「彈性」的。
- 川普刻意無視政治正確，因此被他的追隨者視為有勇氣的人，敢說出其他人不敢說的真話。
- 儘管他很有錢，卻還是表現得像個平民英雄，對電視節目、實境秀、摔角、拳擊有興趣，不碰文學或高雅文化。

- 將失敗編進自己的英雄事蹟，並重新詮釋每次挫折，證明自己有巧妙的本領可以克服最糟的危機，並且越挫越勇。
- 將自己的造型化為高識別度、一眼就可認出的視覺註冊商標。

第七章

無論從事什麼行業，銷售都是關鍵

「不動產最重要的三件事是地點、地點、地點，而我的座右銘是出現、出現、出現。」

——阿諾・史瓦辛格

一九九三年一份調查顯示，阿諾・史瓦辛格是美國人最想在長途班機上閒聊的男性。只有一個人贏過他——歐普拉・溫芙蕾女士，而遠遠落在他後頭的，是前美國總統比爾・柯林頓（Bill Clinton），以及歌手瑪丹娜。

「我不想跟別人一樣。我覺得自己很獨特，不是平凡的張三或李四。」阿諾在與電影同名的自傳《魔鬼總動員》（*Total Recall*）中寫道。記者馬克・胡傑（Marc Hujer）也在《阿諾・史瓦辛格》（*Arnold Schwarzenegger*）一書中評論道：「他總是想跟別人不一樣，從來就不想順應周遭環境，因此他反其道而行，創造一個能接納他的空間。」

阿諾從小就很迷運動，但他不喜歡團隊合作，因為沒辦法像個人運動一樣凸顯自己。「我們同心協力贏了比賽，觀眾卻不認得我這個人，我很不喜歡這樣。」他繼續補充：「最糟糕的事情就是跟別人一樣。我討厭這樣。這也是我起初投入健美的原因。你要自己承擔風險，而不是整個團隊一起扛。」

阿諾認為，無論他想達到什麼成就，都一定要借助公關力量才得以辦到。他在自傳中解釋道：「每次我拍完電影，都覺得自己的工作只完成了一半。每部電影都必須靠市場培養。**你可以做出全世界最棒的作品，但假如你沒有公諸於世、大家都不知道它，你就什麼都沒有**。詩、繪畫、寫作、發明都一樣。」

史上有許多偉大的藝術家都無法靠作品賺錢，因為他們不懂公關的重要性，也不擅長銷售。有一次，阿諾提到畢卡索這類藝術家，為了支付飯錢而被迫繪製餐盤的畫作。如今這些畫作都值好幾百萬美元。「我的電影就不會發生這種事。健美與政治也一樣——無論我這輩子做了什麼，我都知道要想辦法銷售它。」

阿諾在所有他選擇的職業都達成了最高的成就。這個來自奧地利小鎮、出身寒微的男孩，決心要成為全世界最有名的健美先生——他辦到了。他七度贏得「奧林匹克先生」頭銜——健美界最高榮譽。

接著他的目標是成為世界上片酬最高的動作片明星；後來他也克服所有阻擋目標的重大障礙，成為他那個時代最有名、片酬最高的好萊塢演員。

他甚至當過兩任加州（世界上最大的經濟體之一）州長，本來還可能想選總統，但這是不可能的事情，因為他不是在美國出生的。

阿諾說他十歲時，就非常篤定自己很特別、注定要做大事：「我知道我會達成某種成就（雖然我不知道是什麼），而且這樣會讓我很出名。」他父親希望他過平凡的生活，但這是他心目中最糟糕的事情。根據阿諾表示：「我心理有種欲望與衝勁，我絕對不是一般人。一般人樂於過著規律的生活，但我不一樣。我覺得人生不應該只是埋頭苦幹、平淡無奇的活著。」

奧地利對阿諾來說太小了，當時他的目標就已經放眼美國。有一天，他看到雷格·帕克（Reg Park）的照片，帕克既是健美先生也是演員。他決心仿效帕克，並將健美視為他進入電影圈的途徑：「全世界所有人都會透過電影認識我。電影能賺錢……還能幫我追到漂亮的女孩子，這一點可重要了。」

與其他懷抱類似夢想的男孩不同，年輕的阿諾鐵了心要達成目標，而這些目標也讓他有了全力以赴的熱情。打從青少年時期，阿諾就非常擅長用另類的方法來自我行銷，而他在慕尼黑的健美導師阿爾伯特．布塞克也鼎力相助。

無腦肌肉男，阿諾利用刻板印象推銷自己

在十一月極為寒冷的某一天，阿諾沿著慕尼黑的商店街散步，全身上下只穿著一件三角褲。布塞克打電話給幾位熟識的編輯，並且問他們：「你們記得阿諾．史瓦辛格嗎？就是那個舉石頭比賽的冠軍。他目前的職業是健美先生，然後現在只穿著一條內褲出現在斯塔修斯廣場。」隔天史瓦辛格的照片就上報了。他穿著健美褲站在工地，兩旁擠滿了目瞪口呆的工人。

阿諾在二十一歲時移民美國，並在新導師喬．韋德（Joe Weider，北美健美界的重要人

▲圖 7-1　1974 年，阿諾第五次參加奧林匹克先生比賽前的照片。
photo credit：Archive PL / Alamy Stock Photo

物）的協助下，有了重大突破。而韋德最初是因為銷售營養補充品而致富。

根據阿諾的說法：「他編了一個以我為主角的神話：我就像德國製造的機器，完全可靠，不會故障，總是正常運作。他要運用他的技能知識與力量，讓這臺機器活起來，像科學怪人一樣走來走去。而我覺得這很好笑。我不介意他把我想像成他的創作，因為我知道這樣就表示韋德會愛上我。這剛好符合我想成為世界冠軍的目標。」

健美在當時是完全沒人知道的運動，比現在還冷門，可以說是「次文化中的次文化」。當時的城市不像現在到處都是健身房。記者胡傑在阿諾的傳記中寫道：「肌肉訓練在當時被視為怪胎的運動——這群瘋子希望自己的胸部比女朋友大，或上臂跟大腿一樣粗。健身與其說是運動，更像是馬戲團表演。」

雖然阿諾贏得一個又一個的冠軍，可是只要走出健美界這個小圈子，他的勝利就一點都不重要。但阿諾跟其他許多健美先生不同，他並不滿足於現狀。他的使命是讓健美受到美國人歡迎。「這項運動越受歡迎，我就越有機會成為頭號人物。」

在追夢的過程中，阿諾採用了沒人想過的策略。他與一位攝影師建立良好的關係，這位攝影師成功說服知名的紐約惠特尼美術館，主辦一場結合健美與藝術的現場表演：「肌肉的清晰表現：從藝術角度看男性的身體」（Articulate Muscle: The Male Body in Art）。

一九七六年二月二十五日，阿諾與其他兩位健美先生，站在一個旋轉的講臺上，他們朝著羅丹與米開朗基羅雕像的幻燈片擺姿勢，而在畫廊內的三千名入場者看得目瞪口呆。這場展覽是惠特尼美術館有史以來參觀人數最多的活動，甚至引起了《紐約時報》的熱烈報導。

阿諾盡其所能與記者建立融洽關係——而且不只是發行量少的健美雜誌，還包括《生活》之類的大雜誌，讓他可以觸及上百萬名讀者。他的導師韋德起初並不贊同他引起關注的想法，但阿諾決心要將健美從小圈子推廣出去。

阿諾說，健美先生總是抱怨記者老是以負面角度看待他們從事的運動，還寫出愚蠢的報導：「對啦，這是事實，但有誰跟媒體說過？有任何人曾經好好解釋我們在幹嘛嗎？」阿諾對公關非常著迷。他曾經說過：「不動產最重要的三件事是地點、地點、地點，而我的座右銘是出現、出現、出現。」

打從生涯初期，阿諾對於公關就已經有極為敏銳的直覺。但他並不是只靠這種直覺，他還僱用了專業的公關顧問。美國作家庫姬．羅梅爾（Cookie Lommel）在《阿諾．史瓦辛格：有計畫的男人》（*Schwarzenegger: A Man with a Plan*）一書中強調：「贏得並維持大眾的尊敬，對史瓦辛格來說是非常重要的。為了贏得人們尊敬，他甚至僱用了美國最頂尖的公關經營團隊。」

阿諾越來越受歡迎，並開始受邀上全國性的脫口秀。而大家對於健美先生的刻板印象──「無腦肌肉男」，反而幫到了他，因為他態度幽默、又有娛樂天分，讓大家非常驚喜，也因此更容易贏得人心。

「觀眾終於曉得，健美先生穿上衣服之後，看起來就跟一般人沒兩樣，而且很健談，身世背景很有趣，還有故事可說。突然間，這項運動有了外表與個性，讓大家覺得：『我不知道這些猛男這麼有趣！他們並不奇怪，很棒！』」

但就算阿諾的公關活動逐漸讓健美走出小圈圈，他也很清楚健美不可能讓他跟好萊塢明星一樣受關注。況且，健美界的一切成就他都達成了。因此，他決定開始第二個職業生涯──成為電影演員。

「我喜歡在人生中保持飢渴的態度，並且永遠不停留在同一個地方。我十歲的時候，就希望把某件事做到全球知名。現在我則想要把另一件事也做到出名，而且甚至比之前還更盛大。」

乍看之下，似乎所有事情都在跟阿諾作對。不斷有人告訴他，歐洲人在好萊塢是不可能贏得一席之地的。而且他的體格、講英文時奇怪的口音、美國人唸不出來的姓氏，都會讓情況更加雪上加霜。

為了賣書，他三十天跑三十個城市

阿諾被別人講了好幾次：「算了吧。你的體型看起來很怪，口音也很怪，永遠不可能辦到的；你在這個行業的機會很渺茫，因為就我們所知，沒有歐洲人（管他是德語系國家或是義大利之類的）真正在美國飛黃騰達並且大紅大紫的。」這話確實不假——至少對男演員來說。

製片與導演頂多只把他當成肌肉男，只能在低預算電影飾演臺詞很少的小角色。他第一部（失敗的）電影是《大力神在紐約》（*Hercules in New York*），整片九十分鐘他都在秀肌肉，劇情也是在亂演一通。這部電影非常失敗，還被網路電影資料庫（IMDb）列入影史百大爛片。但阿諾一如往常，並沒有因為這部電影失敗而洩氣。

他接下來兩部電影——《練就鋼鐵之軀》（*Pumping Iron*）與《保持飢渴》（*Stay Hungry*），也是以他的身體為主要賣點。不過此時的阿諾已經學會怎麼行銷電影——以挑釁與另類的言論自我行銷方式，使媒體樂於一再引用。

在《練就鋼鐵之軀》中，阿諾將練肌肉比喻為性高潮：「血液衝進你的肌肉，就像打氣一樣。你的肌肉會感覺非常緊，就像快爆炸一樣……對我而言，這就跟『射了』一樣滿足；你知道嘛，就是跟女生做愛，然後『射了』。」他之後解釋道：「如果想在電視上賣東西，並且特別突出，我就必須講得誇張一點，所以我才說練肌肉遠比做愛舒服。」

阿諾替自己電影經營的公關很順利。他在工作時非常仔細觀察紐約的媒體公關人員鮑比．札雷姆（Bobby Zarem）：「他告訴我，假如你想引起電視記者的注意，那麼平淡的新聞稿就是在浪費時間。」札雷姆會私底下聯絡記者，並針對每個記者編寫不同的故事。「鮑比最有名的就是又長又老派的手寫企劃書。他讓我讀了一封長達四頁的信——為了向《時代》的記者解釋為什麼雜誌應該大篇幅報導健美……鮑比的工作是宣傳《練就鋼鐵之軀》，而為了出名，我也跟他學了幾招。」

阿諾在自我行銷時，也將他的劣勢化為了優勢：「宣傳《練就鋼鐵之軀》與健美，就是在宣傳我自己。」人們逐漸習慣他的口音，以及他說話的習慣。「效果跟好萊塢經紀人的警告完全相反。我把自己的體型、口音與名字化為資產，而不是嚇人的怪東西。不久之後，人們就算沒看到我本人，只要看到名字、或聽到我的聲音，就能認出我。」

阿諾就連與別人合寫著作：《阿諾：健美先生的教導》（*Arnold: The Education of a Bodybuilder*）時，也同樣堅持另類的宣傳與行銷策略。

「沒有人會買這本書，除非我們讓大家知道它。」他告訴出版社。「你們希望它暢銷的話，就別讓我只跑六個城市。我們要跑三十個城市，而且三十天之內跑完。」出版社很懷疑：「三十天跑三十個城市！你瘋了嗎？」阿諾回答，造訪其他明星不常去的城市是很重要的：「這樣我們就能占據更多晨間節目時段。」

為了宣傳這本書，阿諾從亞特蘭大搭機前往阿拉巴馬州的伯明罕市。他剛好遇見一群作家，正要前往阿拉巴馬大學舉行文學研討會。阿諾認識其中一個人，就問他們研討會內容是什麼，而他朋友說他們會聊文學、藝術與政治。「你的意思是，他們不會討論該怎麼賣自己的書？」阿諾驚訝的問道。

「他們應該邀請我去那場研討會。我要教教那群人怎麼賣自己的書。」另一位阿諾的傳記作者安德魯斯（Nigel Andrews）寫道：「行銷他自己，不但已經成為他的主要技能，也成了令他著迷的事物。」

對阿諾來說，沒有任何事情比建立形象還重要。「沒錯，我會控制自己的形象。」他說道。「假如我不控制自己的形象，誰還會幫我？人們總是透過媒體來推動事物；他們希望自己被視為認真的片廠主管、聰明的生意人或感性的藝術家。政治人物整天都這麼做；每個人都試圖創造自己的形象。」

離開健美界之後，阿諾將所有精力都投入電影生涯——轉換跑道就是為了大幅提升自己的知名度。後來他第一部真正大紅的電影《王者之劍》（*Conan the Barbarian*），也讓他的策略有了回報。

「這跟健美冠軍不一樣。有數百萬人會去看這部電影，反之健美比賽現場最多只有五千人，而電視轉播頂多只有一、兩百萬名觀眾。差得可真多。」阿諾回憶道：「得知世界各地的雜誌與報紙要評論這部電影後，我非常興奮。只要有脫口秀邀我，管它是全國性還是地方性，我都一定到……我接受所有雜誌與報紙的採訪，無論發行量規模大小。」

阿諾放眼全球，並一再強調「世界就是你的市場」。片廠的行銷人員也打算要將《王者之劍》宣傳到國外，不只是美國，還有義大利與法國。阿諾便問道：「既然你們打算放眼全球，除了義大利與法國，應該還有其他國家……為什麼我們不能更有計畫一點？巴黎待兩天，倫敦待兩天，馬德里待兩天，羅馬待兩天，然後北上到哥本哈根、斯德哥爾摩，再南下到柏林。這樣不行嗎？」最後片廠同意讓他在六個國家宣傳《王者之劍》。「我覺得這真是邁進了一大步。」阿諾最後說道。

當阿諾讀劇本時，總是以全球角度來評估——相形之下，當時的好萊塢主要是靠本地觀眾獲利。他的第一個問題一定是：「這部電影會吸引外國觀眾嗎？」就連看似微不足道的問題，他都以全球角度看待：「亞洲市場不喜歡臉上有毛髮，所以我這個角色為什麼要留鬍子？我真的要放棄這些票房嗎？」

阿諾解釋說，很多演員與作家都很不願意經營公關，他們典型的態度是這樣：「我不想當妓女，我是創作者；我不想用騙的，跟錢有關的事情我一點都不想碰。」史瓦辛格表示，有太多演員、作家與藝術家都把尊嚴看得比行銷重要。「**但無論你這輩子做什麼事，銷售都是其中的一部分。**」

阿諾從來就不想一輩子被限制在某個角色——無論是健美先生，還是專演超暴力動作片的明星。他看見能夠觸及更廣泛觀眾的機會，並藉由展現他的強項之一——幽默感，贏得更多支持。

幽默感也成為他電影中的賣點。「幽默感使我能有別於其他動作演員，像是史特龍（Sylvester Stallone）、伊斯威特（Clinton Eastwood）與羅禮士（Chuck Norris）。我的角色總是有點搞笑，而且我也總是會講一些好笑的俏皮話。」這些冷面笑話成為他的招牌，而他覺得這種笑點有稍微減緩「動作電影只注重暴力」的批評。

「幽默感會擴展動作場面，使它能夠吸引更多人。」阿諾如此說道。

阿諾再也不想被歸類為肌肉壯碩的動作英雄。每次他在電影院看喜劇時，總是心想：

「這我也會演！」但從來就沒有人找他演喜劇。於是他決定自己的下一部電影要是喜劇。對他而言這是很合理的策略，並且會讓大家把他視為「電影演員」，而不只是《王者之劍》的主角，或《魔鬼終結者》裡的兇殘生化人。「我相信循序漸進的做法，所以我不認為我現在能拍喜劇，是因為我有權力要求片廠拍才拍。」阿諾說道。

後來阿諾也結識了頂尖的喜劇演員，並發展出真正的幽默感與喜劇節奏。他主演的喜劇長片《龍兄鼠弟》（*Twins*），終於使自己打進主流市場，拓展他的戲路，並且比任何一部《魔鬼終結者》都賺錢。他在自傳中寫說，截至二〇一二年，《龍兄鼠弟》替他賺了三千五百萬美元。而且從那時到現在一定又多賺了好幾百萬美元。

上晨間節目，最好在七點半出現

當時阿諾已是公認的好萊塢明星，老布希總統便邀請他擔任「健身大使」（見下頁圖7-2）。不過這個新職務其實沒什麼特別的，因為這位總統已經指派了好幾個大使來聲援各種議題，但沒有人能成功引起大量關注。

此時阿諾再度發揮其公關天分。他比其他人投入更多精力在這個角色上。他向布希總

▲圖 7-2　1990 年 5 月，為了鼓勵美國人民鍛鍊身材、維持健康，阿諾與老布希總統於白宮發起了「偉大的美國健身」（Great American Workout）運動。

統解釋道：「我的使命應該是出門推廣健身才對。」史瓦辛格想要周遊五十個州，盡自己健身大使的職責，而這讓布希總統非常驚訝。

「我喜歡四處奔走，與人互動並推銷東西。這正是我最擅長的。」一般來說，白宮的新聞辦公室會發一個簡短的新聞稿，宣布總統的新任「健身大使」，而這份新聞稿不意外的會被全國其他許多新聞報導給蓋掉。

不過阿諾建議布希，應該要在總統辦公室宣布這件事。他解釋說，這樣媒體才有機會拍照，而接下來應該辦一場記者會，由阿諾說明自己的新職務，總統也能解釋他為何是最佳人選。

但這樣還不夠。阿諾希望在白宮的草坪舉辦大型的公開健身示範會，而且要辦得很盛大。「就像慶祝美國國慶日一樣。」阿諾如此力勸。這個活動在一九九〇年五月一日舉行，不但有電視轉播，而且總統還在早上七點十九分抵達，因為這是《今日秀》（*Today*）、《早安美國》（*Good Morning America*）等晨間新聞收視率最高的時間。阿諾說道：「以前我上過好幾次晨間節目，但都沒有留意我什麼時候會出現。不過從那時開始，我總是堅持要在七點三十分左右現身。」

對阿諾來說，公關是能夠在任何情況解決任何問題的正確手段。自從動過心臟手術後，他收到的劇本就變少了，因為好萊塢高層懷疑他是否還能演，而且保險費也太過高昂。

在這種情況下，他啟動自己的「公關機器」，讓自己在海灘慢跑、滑雪與舉重的照片能夠上報，這樣全世界就能看見他再度回到最佳狀態。但阿諾其實早已決定好他的下一步要怎麼走了。

在生涯初期，阿諾就不時有從政的念頭。一九七七年他接受德國新聞雜誌《亮點》（*Stern*）訪問，他被問及自己的計畫：「等你征服好萊塢之後，可以把眼光望向何處？或許是權力。接著你就可以轉換跑道從政，當上州長、總統之類的。」

當然，因為他不是在美國出生，所以他永遠都無法成為美國總統。但由於加州州長遭到罷免，使他有機會能夠步入政壇。在更接近觀察政治議題之前，他也思考過什麼才是正確的公關策略：「我們不是要說服媒體，而是要討好民眾。如果要上電視的話，會上全國性的娛樂節目，像是傑．雷諾（Jay Leno）、歐普拉、大衛．賴特曼（David Letterman）與克里斯．馬修斯（Chris Matthews），而不是靠不住的地方性節目……最重要的是，競選活動一定要夠盛大。」

從政公關策略：用幽默討好民眾

阿諾拋開了政界的規矩，在高人氣的《今夜秀》（*Tonight Show*）中宣布參選加州州長。接著，為了消除大家對他財經能力的疑慮，他僱用知名投資人華倫．巴菲特加入他的顧問團隊。儘管巴菲特公開承認自己是民主黨，而阿諾則是要代表共和黨參選，但他想藉此表明，自己對傳統的政黨政治沒興趣。

憑著幽默風趣，阿諾也在記者會與脫口秀頻頻得分。在一次與巴菲特的記者會上，一位記者問道：「華倫．巴菲特說你會改變十三號提案（按：Prop 13，此法案規定了加州的房屋稅只有在買賣的時候重新計算，並且上限設在一%的房價，並且之後每年最多只能漲二％），並提高財產稅。請問您有什麼想說的嗎？」

阿諾回答：「我已經告訴巴菲特，如果他再提一次十三號提案，他就要做五百次仰臥起坐。」他說完大笑，而巴菲特也不想掃興，只好露齒而笑。他接著補充說，無論處於什麼局面，財產稅都不會增加。

在電視辯論會中，他並沒有盲從某特定黨派的立場，而是遵照競選活動經理的建議：做自己、討人喜歡、逗大家開心。「當場面變得特別緊張，每個人都在互相叫罵，我就會說一些無厘頭的話，讓聽眾大笑。」

美國的競選活動有時會搞到烏煙瘴氣，候選人會尋找對手人生中每個階段的醜事——可能是專業方面，而更可能是他們的私事。阿諾曾被指控性騷擾女性，以及給予希特勒正面評價。面對這些指控，他都遵照基本原則：如果指控是假的，他會極力否認；如果指控是真的，他會承認，必要時還會道歉。

阿諾深知一張照片勝過千言萬語，並且懂得利用形象的力量，傳達他的核心訊息與吸引注意。他位於沙加緬度的州議會大廈前面，對著近兩萬人說話。他站在階梯上進行簡短的演講，接著樂隊開始演奏，他則拿起一支大掃把。「這是要給媒體拍照用的：史瓦辛格要來大掃除了！」後來這段影像傳遍全世界。

他甚至把自己的加州競選巴士取名為「奔跑者」（The Running Man，這是他主演的《魔鬼阿諾》的英文片名，也是在形容自己跑選舉的樣子）。他在競選活動的某一站，將一顆破掉的球扔到一臺車的車頂上，象徵他選上之後，會怎麼處理競選對手的車輛登記費問題。

二〇〇三年，阿諾以懸殊差距當選加州州長（按：當時為州長補選），並於三年後連任。他展現出驚人的適應力，當他誤判民意時，就會做好準備，且劇烈的改變自己的路線。

在自傳《魔鬼總動員》的結尾，總結了阿諾人生中的重要成功法則與教訓。其中一條就是：「無論你這輩子做什麼事，銷售都是其中的一部分……你可以拿出最好的成果，但假如別人不知道，你就什麼都得不到！政壇也是一樣：無論你在努力推行環境政策、教育或是經濟成長，最重要的事情就是引起大家注意。」

美國雜誌《新聞週刊》曾寫道：「自我宣傳對史瓦辛格來說，就跟綳緊他的三頭肌一樣自然。」而這位巨星也向雜誌《雪茄狂熱者》（*Cigar Aficionado*）說過：「你必須讓世界知道你有什麼料。」

但對阿諾來說，自我行銷不只是達成目標的手段；建立自己的品牌，就是獲得「自由」的首要條件。

阿諾在一九七七年的一次專訪中說道：「我想要擁有絕對自由的感覺。就算只有一次也好，我希望自己能夠做任何事情。這表示我必須創造一個名號與品牌，讓我想做什麼事都可以。因此我需要一個非常強大的名聲——所有人都認識的名號。」

阿諾．史瓦辛格的人生座右銘始終都是「保持飢渴」——也只有這四個字最能代表他對成名的渴望：「渴望成功，渴望打響名號，渴望被人看見、被人聽見，並產生影響。」

阿諾成名的藝術

- 阿諾選擇投入健美這個小眾運動，原因在於這樣比較容易得到關注，也能將健美發揚光大。
- 在所有阿諾投入的職業生涯中，成功的關鍵都是銷售。他的座右銘一直都是：「無論你這輩子做什麼事，銷售都是其中的一部分……你可以拿出最好的成果，但假如別人不知道，你就什麼都得不到！」
- 在演員生涯中，他將自己原本的限制（奇特的體型、唸不出來的名字，以及怪異口音）化為獨特賣點。
- 簡單好記（有時還很挑釁）的語句，以及幽默的俏皮話，成為他的註冊商標。他也很常使用自己的電影臺詞，像是「我會回來的」（I'll be back），還有「掰掰啦，寶貝」（Hasta la vista, Baby）。
- 「世界就是你的市場」：阿諾有全球觀點——不像當時許多美國人。只要他有新電影或新書，他就會籌備國際巡迴，盡可能多造訪幾個城市。

- 阿諾是一臺學習機器。他把其他自我行銷天才（尤其是穆罕默德．阿里）當成榜樣，並盡可能向他們學習。
- 雖然記者沒有認真看待健美，還覺得這項運動有點像笑話，但阿諾沒有把他們當成敵人。他花時間耐心並幽默的解釋這項運動在做什麼。
- 阿諾每次活動都求取最大的宣傳效果。當美國總統指派他擔任全國健身大使，他不想只用標準的新聞稿了事，而是將這次發表變成大型媒體事件。

第八章

刻意的不完美，大家會更喜歡你

「做一件你認為自己做不到的事、收穫失敗，再試一次。然後第二次做得更好一些。這是你的時刻，擁有它吧。」

——歐普拉・溫芙蕾

根據《富比士》報導，歐普拉．溫芙蕾是美國十大白手起家女富豪之一，而她的名字當然是十個人當中最有名的。《生活》將她譽為「美國最有權力的女性」，《時代》形容她是「二十世紀最有影響的人士」之一。

二〇〇三年，歐普拉首次名列《富比士》億萬富豪榜——當時全世界只有四百七十六位億萬富翁，而她是第一位白手起家的黑人億萬富翁。如今她的身價估計為二十七億美元，而在美國，她的名氣堪比總統夫人，例如希拉蕊．柯林頓（Hillary Clinton）——假如她沒有當過第一夫人，也不太可能成為總統候選人。沒有任何美國女性能像歐普拉一樣，只憑自己努力就能如此出名。

▲圖 8-1　曼谷杜莎夫人蠟像館內的歐普拉．溫芙蕾蠟像。
photo credit：wai yee thang / Alamy Stock Photo

歐普拉是在非常平凡的環境下長大的——《歐普拉傳》（*Oprah: A Biography*）的作者凱蒂．凱莉（Kitty Kelly）表示：「溫芙蕾在自己編的虛構故事中，刻意誇大了她家境貧困的程度。她從很小的時候就一直以成名為目標。」

念國中時，歐普拉跟其他年輕人一樣，都要填「我二十年後在哪裡？」之類的表格，而她在「成名」那一格打了勾。許多從小時候與年輕時就認識歐普拉的人都表示，她總是努力想成為明星與變有錢。對她來說，財富主要是引人注目的手段。「在這個社會中……除非你有一些珠寶、金錢、權勢與管道，否則沒人會理你。」歐普拉如此說道。

她發覺自己有公眾演說的天分，於是開始在納許維爾（Nashville）附近的黑人教堂朗讀《聖經》，還贏得田納西州辯論錦標賽冠軍，開始闖出名號。

只要歐普拉覺得某個比賽能夠提升她的關注度、讓她更接近夢寐以求的名氣，她就一定會參加。舉例來說，她在贏得「消防小姐」冠軍後，對著蜂擁而至的報社攝影師大吼：「我在這裡！攝影機在哪裡？我在這裡！照過來！」

總是先問第一個想到的問題，能和觀眾產生連結

歐普拉在電視圈的第一次出場，發生在一九七四年，納許維爾的某家電視臺，當時她正值二十歲的妙齡。當時納許維爾是美國第十三大電視節目市場，所以對歐普拉這類剛踏入電視事業的人來說，是很棒的訓練場。

但她生涯真正起飛則是在一九七六年，巴爾的摩的一家電視臺。電視臺指派她每天在巴爾的摩造訪不同的社區，採訪當地人。歐普拉一如往常，以提升知名度的角度來判斷自己的角色。她向一些記者解釋：「這對我來說是很棒的公關，也是將我介紹給這個城市的好方法。」

歐普拉很快就晉升為晚間新聞的共同主播，不過她顯然吃不消。有一次她報一條新聞，跟加州某位當事人缺席（*in absentia*）審判有關，結果她以為「Inabsentia」是舊金山附近的城鎮名稱，因為她顯然沒聽過這句源自拉丁文的片語。

她開始在新聞節目加入個人觀點，有次還說了一句：「哇！有夠慘的。」這可把她的同事嚇壞了。其中一位同事回憶道：「我從一開始就知道行不通。歐普拉太沒經驗，國際知識也很有限（尤其是地理），當時的她還沒有資格與巴爾的摩新聞界的元老（傑瑞．透納〔Jerry Turner〕）一起報新聞。」很不幸的，八個月後她就失去這個高階職位。

後來歐普拉被降職為「週末專題節目記者」，根據她的說法，這是新聞室中階級最低的職位。歐普拉現在要報導的「重大」新聞，大概就是當地動物園的雞尾酒生日派對。但她至少還待在新聞室。然而直到她被選為晨間節目《大家來開講》（*People Are Talking*）的主持人後，她才真的覺得自己跌到谷底了。

歐普拉當時的上司回憶道：「她真的很想報新聞。她知道當時新聞是最重要的電視節目。她覺得主持日間節目是真正的落魄與失敗。她哭了起來。『請別這樣對我。這份工作低賤到不能再低了！』……但我給她的可是一份正經工作，而且說實在的，她那時也別無選擇。」

電視臺總經理比爾・貝克（Bill Baker），想盡辦法讓這份新工作更誘人，包括承諾加薪與增加製作預算。歐普拉終於答應了，但還是帶著眼淚離開他的辦公室。

值得讚許的是，歐普拉充分利用了這個局面。而且回想起來，當時的降職反而為她的生涯帶來極佳的機會。《大家來開講》於一九七八年八月十四日首播，歐普拉專訪了《我的孩子們》（*All My Children*，歐普拉喜愛的肥皂劇）其中兩位演員。她說她覺得自己終於在電視圈找到立足之地了。

「節目一錄完，我就知道自己要做什麼了……就是這份工作。這就是我生來就要做的事情……就像呼吸一樣。對我來說，這是再自然不過的過程。」

歐普拉並不像跟她搭檔的主持人，她並沒有太刻意培養嚴肅、高度專業的形象。對某些記者來說，最重要的就是受人高度景仰，尤其是被同事尊敬。歐普拉剛好相反，主要考慮的是「連結」她的觀眾。

歐普拉聽過的建議中，其中一個最重要的就是「總是先問第一個想到的問題」，而她也總是照著這個建議去做。舉例來說，她在某次節目上問一對連體雙胞胎，假如晚上其中一個想上廁所該怎麼辦？她很想知道另一個會不會跟著去。

歐普拉在一九八三年邁向生涯的下一步，她開始在芝加哥工作——美國第三大電視節目市場。自從在芝加哥的新節目開播後，她就一直出現在當地媒體，接受一連串看似永無止境的採訪。

一九八五年末，《芝加哥論壇報》（*Chicago Tribune*）形容歐普拉是「本市被捧過頭最嚴重的名人。」她自鳴得意的宣言，甚至能與阿里或川普匹敵。例如她在某次訪談中曾說道：「我可是很強的……強到不行。你或任何人都無法說出我還不知道的事。我的內在靈魂會指引我……我很喜歡自己，真的。假如我不是歐普拉，我一定也會很想認識歐普拉這個人。」

陰莖、高潮、性虐待——高收視率的保證

當時全國媒體都開始專題報導歐普拉。她的節目實在太成功，因此也被全國性的企業相中。美國各地超過一百個電視臺簽約播放她的節目，她也因此拿到生涯第一筆簽約獎金——一百萬美元。

她很快就有名到能受邀演出史蒂芬．史匹柏（Steven Spielberg）執導的《紫色姐妹花》（*The Color Purple*），雖然只是演配角。這部電影與其演員總共獲提名了十一座奧斯卡獎項，但最後卻空手而歸，錯失所有想拿到的獎項。

歐普拉很氣史匹柏，因為他拒絕將她的名字掛在戲院露出的廣告上，也拒絕將她的臉放在電影海報中。但除了歐普拉之外，每個人都可以理解史匹柏拒絕的原因。這位女配角在當時還沒那麼有名，給她這麼多曝光反而會很奇怪。

但因為歐普拉演了電影，再加上全國都在播她的節目，使得她的知名度大幅提高。《時人》（*People*）雜誌邀請歐普拉登上一九八七年一月號的封面。接下來二十年，她上過《時人》封面十二次，非常驚人，只輸給影壇傳奇伊莉莎白．泰勒兩次。

根據《綜藝》（*Variety*）雜誌報導，一九八七年歐普拉的收入超過三千一百萬美元，使她成為電視上收入最高的脫口秀主持人。那時候她的收入已經高過老牌的強尼．卡森（Johnny Carson，《今夜秀》的主持人，年薪兩千萬美元）。但她一點都不滿足。她想製作自己的黃金時段節目，然後自己賣給電視臺——就像其他知名脫口秀演員那樣。

只要她的節目談到淫穢、庸俗的話題，收視率就會飆到最高。在當時還忌諱談論性愛的美國，低級的話題就等於高收視率——她在剛成為脫口秀主持人的那幾年學到這個道理，之後幾年便一直採取這樣的路線。

例如有一次她邀請「陰莖超小的男性」上節目，又有一次，她的來賓能持續性高潮三十分鐘。只要是與性有關的話題，她的想像力就沒有極限：被強暴的男性；跟自己的父親生下小孩的女性；懷孕期間被虐待的女性；跟學童做愛的女老師；以及被丈夫強暴的選美皇后……。

歐普拉也邀請裸體主義者上過節目。他們一絲不掛的坐在舞臺上接受歐普拉訪問，只有臉部上電視。儘管如此，在家的觀眾都知道歐普拉正在現場訪問一群裸體的人，而現場觀眾也看到了全裸的景象。這種夠刺激的內容，就是高收視率的保證。

又有一次她訪問一位十八年來從未達到性高潮的女士，同時還邀請一位男性「性代理人」，替這位女性上「高潮課」。她也訪問過一位性成癮的女性——曾經一晚跟二十五位男性上床，也採訪過三位色情片女星——她們鉅細靡遺的描述了男性射精的樣子。

家庭主婦賣淫、一夫多妻、性感穿著、對丈夫過敏的女性——歐普拉從來就不缺話題，她的觀眾也從來都聽不膩。但她並不是都只講下流的東西，她的觀眾對於飲食與人際關係議題也反應熱烈。

歐普拉另一個招牌話題是兒童性虐待。她訪問一位女性，對方談到自己小時候被性虐待的經驗，歐普拉也自曝她九歲時有遇到同樣的事情，結果上了全國性新聞。但歐普拉的家人始終聲稱虐待是她自己編的（就跟許多關於她童年與年輕時的事情一樣），以引起大家關注她的節目。而如同其他類似的案例，一般觀眾幾乎不可能知道該相信誰。

哈佛商學院調查了歐普拉脫口秀成為全國性節目後，頭六年談過的話題。分析指出她的題目主要集中於受害者：強暴受害者、綁票受害者的家屬、遭受身心虐待的受害者、酗酒的青少年、工作狂、戀愛強迫症以及童年受創的女性。

她也談過適用於丈夫、妻子與情婦的療法；出差時劈腿的生意人；以及幽浮、塔羅牌、靈媒與其他通靈現象等領域。公關人員安迪．伯曼（Andy Behrmann）曾與這個節目合作過，他回憶道：「她早期那幾年，大部分的時間都投注在高收視率的庸俗性愛垃圾話題、教女生追男人與留住男人的節目，當然還有減肥。因為這些就是她與她的小圈子真正在乎的事情。他們跟菲爾．唐納修（Phil Donahue）的受眾不同，完全不懂時事、政治以及周遭更大的世界，而且他們也不在乎。」

歐普拉剛來到芝加哥時，脫口秀主持人唐納修是她最大的對手，許多人預測她無法真正與之競爭。然而《芝加哥論壇報》卻評論道：「她（歐普拉）藉由爭議性節目獲得較高的收視率，主題包括男性陽痿、過度照顧男人的女人，以及對這種女人唯命是從的男人。而唐納修則試圖以右翼代表性人物，與電腦犯罪等話題來與她競爭。」

傳記作者凱莉寫道：「歐普拉邀請偏執狂、自稱的色情成癮者以及女巫上節目，讓當時才三十四歲的她收視率飆升，勝過五十二歲的唐納修。唐納修的脫口秀曾被作家大衛．

哈伯斯坦（David Halberstam）評為『美國最重要的研究所』，因為它將現代社會風氣的變化，傳達給數百萬名觀眾。」

歐普拉的目標觀眾與唐納修的客群不同，對於理性知識或國際政治沒什麼興趣。唐納修經常訪問政治人物，包括吉米．卡特、隆納．雷根與比爾．柯林頓，但歐普拉的原則正是不做這種高知識水準的訪談，因為她覺得這樣會扼殺收視率。

歐普拉設法邀請其他脫口秀主持人都邀不到的獨家來賓——其中包括麥可．傑克森（Michael Jackson）的專訪，當時他已經有十四年沒接受現場訪問了。歐普拉與這位「流行樂之王」一起坐在他住的「夢幻樂園」（Neverland Ranch）裡，而全美國有九千萬名觀眾，一同見證歐普拉在電視圈中最輝煌的時刻之一。歐普拉每訪問一個名人，她自己就更出名。

然而隨著時間經過，唐納修與歐普拉主持的脫口秀，在某些方面變得更相似了。在提高收視率的壓力下，唐納修也開始把焦點放在「庸俗」的話題。「我可不想『壯烈成仁』。」他說道。

與此同時，歐普拉的節目也正在改變重心。一九八九年，她宣稱：「我以前談的是享受性愛與達到完美的性高潮，接著是飲食。不過九〇年代的趨勢是家庭與育兒。」她開始推出更多類似「如何建立快樂的繼親家庭」與「家庭晚餐實驗」這類主題的節目。

到了生涯後期，她更認真反省自己之前成功的節目，並且承認：「我明明在做垃圾節目，卻甚至不覺得它是垃圾，這已經令我產生罪惡感。」如今歐普拉想著重於更有挑戰性的內容，以提升她的節目——例如宣傳書籍。

勵志大師的形象，讓歐普拉收服數百萬信徒

除了收視率，形象現在對歐普拉來說也很重要——她想擺脫自己「專做垃圾節目」的臭名。但這樣貿然改變主題，讓她很有可能失去美國第一脫口秀主持人的寶座。當知名主持人傑里．斯普林格（Jerry Springer）的脫口秀，在四十七週中有四十六週的收視率都超過她時，歐普拉沮喪的說：「我在介紹書籍，但他們有陰莖。」

後來歐普拉決定改頭換面，成為勵志大師。她在一九九〇年代末期推出（她自稱）可以「改變你的人生」的節目，澈底重新定義她身為電視主持人的角色。「世人將我定義成脫口秀主持人，但我知道自己不只如此。我是與偉大靈魂連結的靈魂。」

她將自己定位成美國夢的化身——一位女性，克服了艱困與受虐的童年，接著為自己打造空前的生涯，並成為世上首位白手起家的黑人億萬富翁。她利用自己的人生故事，激勵了數百萬人——而且不只是美國，而是所有播放她節目的國家。簡言之，人們被她的福

音給啟發了：「如果我能做到，那麼你也能做到。」

另一方面，左翼的反資本主義評論家，抱怨歐普拉這種成功故事創造出一種幻覺：人可以憑自己努力獲得成功，從卑微的起點一路打拚到頂點。美國作家珍妮絲・佩克（Janice Peck）在〈歐普拉成功的祕訣〉（*The Secret of Her Success: Oprah Winfrey and the Seductions of Self-Transformation*）一文中提及：「在這個時代，人對於改變物質條件的實質力量已經減少，同時資本的力量已呈現指數性擴張。而歐普拉・溫芙蕾卻說我們只要有心就可以做任何事情，甚至還藉此躍升為美國主流文化的偶像。」

根據那些左翼評論家的說法，歐普拉只是運氣好而已。但歐普拉不理會他們的批評，並說道：「運氣取決於準備。」她還很清楚的強調，對她來說，個人的成功與外在條件的好壞無關。「假如你想從外部尋找答案，那你就是找錯地方了。」她逐漸成為自我負責與正能量的擁護者：

「任何發生在你身上的事情，無論好壞，都是你自己吸引過來的。這件事我已經真心相信了好幾年，你散發給世界的能量總是會回到你身上。」

「二十一年來，這個節目的重點都是：為你的人生負責，知道你做的每個選擇導致你現在的處境。而好消息是每個人都有力量，無論你處於人生的哪個階段，都可以從今天開始改變。」

「忠告始終都一樣：你要對自己的人生負責。」

研究人員逐漸對歐普拉的脫口秀產生興趣，並對它做了許多科學研究。其中一位研究員瑪麗安・珍妮特・克羅斯比（Marianne Jeanette Crosby），從一九九八年，以及二〇〇七年至二〇〇九年之間，各選擇五集節目進行深度分析。

根據這份分析，這檔節目最常出現的主題是「創造你自己的處境」，而這條主軸貫穿了所有做為分析目標的集數：「這個主題的概念是，每個人類都能掌控自己的生命，並完全掌控他目前的處境。」

歐普拉信奉《祕密》（*The Secret*）這本書當中的「自助」哲學，並將它推廣給觀眾。多虧歐普拉的極力背書，這本書成了暢銷書。基本上，歐普拉是在告訴她所有觀眾：沒有辦不到的理由。套句她說的話：「拿到你想要的工作、愛情與人生吧。」

脫口秀只是歐普拉用來定位自己，並拓展事業版圖的眾多載具之一。她頻頻現身於國內的個人成長研討會，最後終於舉辦了自己的「活出你最棒的人生」研討會，並吸引到上千名聽眾，主要為女性。

二〇〇〇年四月，她推出《歐普拉雜誌》（*O, The Oprah Magazine*）——內含引人入勝的故事、自立自強的概念、八卦與個人崇拜的大雜燴。這本雜誌大獲成功，讓她比之前更受歡迎。光是出刊第一年，歐普拉的雜誌就已達到兩百五十萬本的發行量。雜誌創刊號的封面是歐普拉，然而接下來九年每一期的封面也都是她。

減了肥又復胖我都懂，感同身受是最好的銷售手法

歐普拉這輩子都夢想著要登上《Vogue》雜誌的封面。可是當她浮現這個念頭時，《Vogue》的編輯告訴歐普拉，如果想上封面她就必須減肥，而她大半輩子的體重都處於超標狀態。但歐普拉承諾到拍照那天之前，她會減重至少二十磅。她報名了減重訓練營，遵守嚴格的飲食計畫，並努力鍛鍊自己，讓自己能登上《Vogue》的封面。

一九九八年十月，封面印著歐普拉的《Vogue》雜誌在各個看報攤上架。它的銷量為九十萬本，遠超過這本雜誌創刊一百一十年來任何一期。她的「伴侶」史戴門・葛蘭姆（按：Stedman Graham，他們曾於一九九二年十一月訂婚，但最後兩人決定維持「精神結合」〔spiritual union〕的關係），解釋這期《Vogue》封面對她來說有多麼重大的意義：「這就像她付出一切努力所達到的頂點……從超重到現在這個樣子，可說是一個人所能贏得的最

大勝利之一。」

這幾年來，歐普拉已經反覆減肥好幾次，但每次都胖回來。歐普拉也跟拉格斐一樣，將自己減肥與節食的細節分享給大眾，還出了一系列成功的飲食與健身書籍。

歐普拉「最有名」的一次瘦身減了六十七磅（約三十公斤）。為了向觀眾展示她減了多少，她將六十七磅重的油膩動物脂肪放在一臺紅色小推車上，然後推進攝影棚。為了更戲劇化一些，她試著舉起這袋晃動的脂肪：「這也太大包了吧？嚇死我了。我舉不起來，但我以前每天都帶著它四處晃。」

這集節目是歐普拉脫口秀生涯中最成功的一集——有四四%的日間電視觀眾收看它。當歐普拉提到她的節食成功祕訣——「Optifast」奶粉時，有一百萬名觀眾立刻拿起電話，撥打這間廠商的訂購專線。美國媒體也被歐普拉減肥成功的新聞癱瘓了好幾天——醫師、營養師與名嘴全都在爭論這項產品節食的效果。

這次減肥之後，她宣稱自己再也不會復胖了。但她之前已經講過好幾次，結果最後還是胖回來。女性觀眾對於歐普拉的體重煩惱感同身受，因為她們有許多人也都經歷過這種「溜溜球效應」（按：Yo-yo effect，也被稱為溜溜球節食方法，指由於減肥者本身採取過度節食的方法，而導致身體出現快速減重與迅速反彈的變化）。

比起身材宛如超模的主持人，觀眾更認同這位頻頻復胖、成天為飲食煩惱的女人。但無論她變重還是變輕，她總是能讓這件事，成為自己的節目以及許多專訪所討論的話題。

一九九六年，她出了一本關於健身與節食的書籍《建立聯繫：改善身體和改善生活的十個步驟》（*Make The Connection: 10 Steps To A Better Body And A Better Life*），很快就成了暢銷書。對她來說，這本書也是個跳板，因為她正好要推出全新的企劃：歐普拉讀書俱樂部。

歐普拉解釋道，她想鼓勵美國人讀書。後來她的讀書俱樂部也非常成功，光是第一年，這間俱樂部就賣了將近一千兩百萬本書。根據分析師表示，她靠賣書賺了一億三千萬美元。歐普拉讀書俱樂部巧妙結合她在新聞與創業方面付出的心血，她甚至利用自己的脫口秀，替她個人挑選的書籍背書。全國上下的出版社，都渴望自己出版的書能被她的脫口秀討論。

對出版社來說，幾乎沒有其他方法能像歐普拉脫口秀一樣，保證自己的書衝上暢銷榜。由於她的讀書俱樂部太成功，她獲頒許多出版與圖書協會的獎項與殊榮，而《新聞週刊》也稱她為圖書界與媒體界最重要的人。

歐普拉的脫口秀不只在美國引起轟動，它總共在一百四十五個國家播放。而她的觀眾絕大多數為女性——根據一份二〇〇七年的研究，女性觀眾占歐普拉全體觀眾的七三%至七八%。

歐普拉跟川普一樣，儘管坐擁大量的財富與名氣，但總是能建立一種形象：**她不只關心一般人與他們的問題，她自己就是他們的一分子**。某種程度來說這是真的。

歐普拉私生活中的問題（尤其是體重與飲食，而她的戀情也不順利），也是許多觀眾努力想解決的麻煩。瑪麗安．珍妮特．克羅斯比分析歐普拉與她的脫口秀時寫道：「她不完美的形象與平凡的身材，反而深受女性欣賞。對許多女性來說，歐普拉啟發她們達成個人目標，並過著更健康的生活。」

面對醜聞怎麼辦？自爆能讓它失去新聞價值

隨著歐普拉越來越紅，有越來越多熟人（無論真假）與媒體接觸，並爆料她人生當中的醜事。她其中一位前男友，威脅要揭露他們濫用藥物的往事——他們有好幾年都反覆吸食古柯鹼與其他毒品。

起初歐普拉試圖抹消這些傷人的報導，但她很快就意識到這有多困難，於是決定改採更積極的公關策略。她邀請一位藥物成癮者上她的脫口秀，然後（看似）主動坦承她以前也是藥物成癮者。這一招極為精明。藉由公開坦承自己過去的藥物問題，她緩和了被人羞辱所造成的衝擊，並且讓這類醜聞失去新聞價值。

自從在《紫色姐妹花》首度嘗試演戲之後，歐普拉公開宣稱她不只想成為脫口秀主持人，她還夢想成為電影明星。這個願望促使她在小說《寵兒》（*Beloved*）改編的電影《魅影情真》（*Beloved*）中有了突破。

《寵兒》於一九八七年出版，也讓作者童妮．莫里森（Toni Morrison）成為首位獲頒諾貝爾文學獎的非裔美國作家。這部由歐普拉主演的電影於一九九八年十月上映，並斥資三千萬美元，舉辦擠滿媒體的盛大宣傳活動。而且這還沒把歐普拉自己鋪天蓋地的公關活動算進去。

然而這部電影澈底失敗，也毀了她加入好萊塢明星行列的夢想。很少有電影舉辦這麼大的行銷活動，在這個案例中，歐普拉被自己的虛榮心給妨礙了。對許多人來說，歐普拉似乎宣傳自己比宣傳電影（或它背後的嚴肅主題——慘痛的美國奴隸史）還認真。

歐普拉花費許多時間，像個迷人的模特兒一樣，在《Vogue》、《電視指南》（*TV Guide*）、《時代》、《週末美國》（*USA Weekend*）與其他雜誌封面上擺弄姿勢，還自誇減肥成功。而這樣做並不符合這部電影想傳達的重要訊息。

曾與歐普拉一起演出《紫色姐妹花》的琥碧．戈柏（Whoopi Goldberg）如此批評：「如果有人能跟歐普拉一樣引起狂熱，那一定很精彩，只可惜這樣做對電影來有點反效果。」

知名導演強納森・德米（Jonathan Demme）解釋，儘管這部電影失敗了，他還是想跟歐普拉再拍一部電影，或許是喜劇：「而且我們不會再像《寵兒》一樣大肆炒作了。」

歐普拉總會想盡辦法塑造、維持自己的形象，而這也是因為經歷了一次極為慘痛的教訓與背叛；她同父異母的妹妹派翠西亞（Patricia Lofton）向小報爆料，歐普拉曾在少年時期意外懷孕、濫用藥物，甚至還去賣淫。

在這次摧殘身心的經驗後，歐普拉要求她生活中所有人（員工、脫口秀來賓、裝潢設計師、派對籌備人、園丁、機師、保鑣、甚至照顧狗的獸醫）簽署保密協定，禁止他們公開談論歐普拉的私人生活及工作。隨著歐普拉權力變得越大，就越能掌控一切關於她的媒體報導。事實上，她甚至會指定哪些攝影師可以拍攝她的照片，供報紙文章使用。

所有名人都很在乎形象，但很少有人像歐普拉一樣，如此刻意且一貫的打造自己的風格。她想全權掌控媒體如何表現她的個性、外表與人生故事。

歐普拉成名的藝術

- 歐普拉從來就沒打算在競爭者（其他脫口秀主持人）擅長的領域（政治或知性話題）打敗對方。就連她生涯初期被批評膚淺、煽情時，她都無動於衷。對她而言，收視率與人氣遠比好評還重要。

- 持續改頭換面：擺脫「垃圾節目女王」的形象、創辦歐普拉讀書俱樂部，成為最有影響力的書籍推薦權威。
- 雖有著崇高的名人地位，但歐普拉總是能讓觀眾相信她是他們其中一員。她的觀眾覺得她懂他們，因為她的問題與煩惱與他們相同，包括為身材傷腦筋，以及經歷過被虐待或不健康的戀情。好幾年來，她的脫口秀主題曲都是《我跟所有女人一樣》（*I'm Every Woman*）。
- 歐普拉在能力範圍內想盡辦法控制她的形象。例如禁止觀眾拍她的照片，甚至經常指定可以拍她的媒體攝影師。
- 雖然歐普拉的脫口秀話題，經常把來賓形容成「受害者」，她還是給大家強烈的希望，藉此賦予他們力量——每個人都能塑造自己的命運，有機會改變人生，那怕他們以前是受害者。
- 如果觀眾需要進一步證明，歐普拉自己的人生故事就是最好的範例：從童年受虐倖存下來，接著成為世上最有錢、最有名的黑人女性，可說是白手起家的傳奇。
- 歐普拉從來不會將自己侷限在一個媒體。她建立了一整個媒體帝國，橫跨電視節目製作、電影、雜誌、讀書俱樂部、網路與講座等。與其他記者不同，她並沒有長期靠雇主吃飯，而是以媒體創業家之姿，建立自己的事業。

第九章

代表正義的一方
迎戰邪惡勢力

「我想在宇宙間留下痕跡。」

——史蒂夫·賈伯斯

很少人能像軟體工程師安迪・赫茲菲爾德（Andy Hertzfeld）一樣了解史蒂夫・賈伯斯，他是蘋果研發團隊最早的成員之一。赫茲菲爾德表示，賈伯斯相信自己是特別的天選之人：「他認為有少數人是很特別的存在——像是愛因斯坦、甘地以及他在印度結識的大師們——而他自己也是其中一位。」

他的傳記作者布倫特・史蘭德（Brent Schlender）與瑞克・特茲利（Rick Tetzeli）在《成為賈伯斯》（*Becoming Steve Jobs: The Evolution of a Reckless Upstart into a Visionary Leader*）中寫道：「史帝夫・賈伯斯從很早以前就覺得自己能夠為所欲為。拜他父母的養育方法所賜，他覺得自己就是父母所說的那樣，全身上下都很特別。」

賈伯斯從來就不只把自己視為生意人。他在好幾個場合都強調：「我從來就不想當生意人，因為我認識的生意人，都不是我想仿效的人。」他主要把自己視為藝術家、反抗者與心靈大師。

「隨著時間過去，我們這五十個人所做的事情，將會在宇宙產生巨大的漣漪。」賈伯斯都是用這種話來激勵自己的開發團隊。他啟發員工的方式，是灌輸他們以下概念：他們並非只是為公司效力，或為消費者設計與製造實用的產品；他們是更大使命的一部分。

微軟的創辦人比爾・蓋茲，後來成為賈伯斯的死對頭，不過他們確實曾密切合作好幾年。蓋茲有一次說道：「史蒂夫完全進入『吹笛人』模式（pied piper mode），宣稱麥金塔電腦將會改變世界，還要求大家瘋狂加班，搞得工作氣氛不佳、同事關係也很緊張。」

前蘋果行銷經理特里普·霍金斯（Trip Hawkins），也很佩服賈伯斯的說服力與激勵能力：「史蒂夫有不可思議的能力，能夠描繪出極為輝煌且巨大的目標，召集人們朝共同的目標邁進。」

皮克斯（Pixar）的共同創辦人埃爾維·雷·史密斯（Alvy Ray Smith，中文名為匠白光）曾說，在與賈伯斯開會時，他總是會聯想到宗教復興布道會：「我從小就是美南浸信會的信徒。我們的布道會充滿了只會說甜言蜜語卻腐敗至極的傳教士。而史蒂夫很懂這一套：能言善道與天花亂墜的字句可以擄獲人心。我們在開董事會時也意識到這件事，於是我們想出暗號——搔鼻子或拉耳朵。當有人被史蒂夫的『扭曲力場』給吸住時，我們必須把他拉回現實。」根據史密斯表示，賈伯斯「就像電視上的布道家」，會讓追隨著欣喜若狂。

賈伯斯在一九八三年說過一句傳奇名言，當時他成功說服百事可樂的總裁約翰·史考利（John Sculley），擔任蘋果的新任執行長：「你想把餘生用在賣糖水，還是想要一個改變世界的機會？」

僱用新任執行長沒多久，賈伯斯就邀請了史考利與他太太一起吃早餐，並且向他們傾吐：「我們活在世上的時間都不長，所以可能只有少數幾個機會能將很棒的事情做好。人們都不知道自己會活多久，但我現在的感覺是，我在年輕的時候就已經完成許多很棒的事情了。」

另一位早期蘋果的程式設計師，也是被賈伯斯的挖角說詞給說服：「我們正在創造未來。想像一下你在浪頭衝浪，是不是很興奮？現在再想像一下你在浪尾游狗爬式，肯定沒那麼有趣。不如來我這裡，在宇宙中闖出一片天吧！」這種話比較像是心靈大師在說的，而不是某個企業的領導人。

事實上，「在宇宙中闖出一片天」（make a dent in the universe）是賈伯斯最喜歡講的一句話。另一位員工則說，賈伯斯會反覆用以下這類詞句激勵他的員工：「讓我們在宇宙中闖出一片天吧！我們會把這件事變得很重要，這樣它就能在宇宙中闖出一片天。」

將自己化作正義的一方，群眾就會跟隨你

賈伯斯從來不會用大公司執行長的口氣來講話。他的溝通方式就像有遠見的政治家，或是革命運動的領袖。可是他並不打算透過政治來改變世界，而是透過科技。

賈伯斯曾被短暫逐出自己的公司，因為他很不擅長處理人際關係。當他最後回到自己創辦的公司時，他如此形容蘋果的顧客：「買蘋果電腦的人確實有不同的思維。他們是這個世界的創意靈魂，想要改變這個世界。而我們為這種人製作工具……因此我們也要有不

▲圖 9-1　2007 年 1 月，史蒂夫·賈伯斯於舊金山進行產品簡報。
photo credit：ZUMA Press, Inc. / Alamy Stock Photo

同的思維，才能服務這些打從一開始就購買我們產品的人。許多人都認為他們瘋了，但我們把這些瘋子當成天才。」

某方面來說，蘋果的員工就像是宗教社團或派系的成員——賈伯斯則是他們追隨的大師，而蘋果的顧客是在追隨改變世界的願景。

賈伯斯引起了共鳴，尤其在年輕族群中。二〇〇九年美國有一份調查，請十二到十七歲的人排名他們最欣賞的創業家。賈伯斯獲得三五%的選票排名第一，領先歐普拉·溫芙蕾與馬克·祖克柏（Mark Zuckerberg）。至於選擇賈伯斯的原因，近三分之二的受訪者回答「因為他改變了現況」、「他改善了人們的生活」或「他讓世界變得更好」。

賈伯斯的產品發表會也很有傳奇性。根據他的傳記作者艾薩克森表示，賈伯斯創造了一種新型態的企業劇場：「他的產品發表會就是個劃時代的創舉，就像《創世記》裡『要有光』（Let there be light）的時刻，天空分開、光線灑落、天使高歌，還有一個精心挑選的虔誠合唱團唱著『哈雷路亞！』。」

賈伯斯的發表會就像製作一齣戲劇，是精心設計過的表演。賈伯斯會穿著他的招牌牛仔褲與黑色高領毛衣，手拿一瓶水，在舞臺上走來走去。艾薩克森如此描述某次發表會：「群眾從座位上跳起來尖叫，好像披頭四復活了一樣。」

賈伯斯把自己定位為革命家與藝術家，他的使命遠遠不只銷售電腦與智慧型手機。賈伯斯其中一個最具代表性的產品發表會，是一九八四年的麥金塔電腦。麥金塔並不是老套的被宣傳成吸引人的新產品，而是被塑造成英勇的戰士，代表正義的一方（蘋果與其追隨者）迎戰邪惡勢力（ＩＢＭ）。

廣告中，一位年輕的女性反抗者，一邊逃離懷有歐威爾主義思想的警察（按：出自英國作家喬治．歐威爾的反烏托邦小說《一九八四》），並且朝著播放「老大哥」洗腦演說的大螢幕，扔出一根大鐵鎚。賈伯斯將蘋果公司的新電腦（與它的買家們）稱為反抗軍鬥士、最終防線，阻擋邪惡大企業征服世界與全面洗腦的計畫。

賈伯斯在他的產品發表會上宣稱：「現在是一九八四年。顯然ＩＢＭ想要控制世界，蘋果則是不讓ＩＢＭ輕鬆得逞的最後希望。經銷商最初張開雙臂迎接ＩＢＭ，如今卻害怕未來被ＩＢＭ支配與控制，於是又重回蘋果的懷抱，因為蘋果是唯一能確保他們未來自由的力量。ＩＢＭ想要全拿，而且把槍口對準了它掌控產業的最後阻礙——蘋果。「大藍」（按：Big

Blue，IBM的別稱）會支配整個電腦產業嗎？喬治．歐威爾的預言會成真嗎？」

又一次，賈伯斯說出了不是正常企業領導人會講的話，反而更像是革命領袖登高一呼，對抗集權主義國家。賈伯斯將蘋果與IBM之間的競爭，描述成爭取「自由」與對抗「洗腦」。而且他將自己清楚定位為反抗軍領袖。

艾薩克森在傳記中寫道：「賈伯斯喜歡把自己視為受到啟發、對抗邪惡帝國的反抗者，就像《星際大戰》的絕地武士，或是對抗黑暗力量的佛教徒武士。IBM是他心目中的完美陪襯。他聰明的將這場即將到來的戰爭，詮釋成精神層面的鬥爭，而不只是商場競爭。就算過了三十年後，賈伯斯還是將IBM形容成「邪惡力量」。

在《大家來看賈伯斯》（*Presentation Secrets of Steve Jobs*）一書中，卡曼．蓋洛（Carmine Gallo）解釋了賈伯斯如何樹立共同敵人，讓聽眾群起攻之。而且不只是一九八四年那場知名的產品發表會，他每次大型簡報都這樣做。

根據蓋洛表示，賈伯斯是「創造反派的大師——而且越奸詐越好」。就跟所有心靈大師一樣，賈伯斯總是需要敵人，甚至在自己的公司也要樹敵。他堅信自己的團隊是勇猛而叛逆的海盜，且另一個負責其他蘋果產品的團隊則是海軍。他與自己的團隊躲在偏僻的角落，而他其中一句格言是「當海盜總比加入海軍好」。他甚至還在新麥金塔研發團隊所在的大樓升起海盜旗。

做出創新的產品、打造偉大的公司，都是為了名氣

賈伯斯決心將自己定位成偉大的設計師，並獨攬眾人對於產品設計的讚譽。蘋果首席設計師，賈伯斯最親密的知己強尼．艾夫（Jony Ive），曾說賈伯斯聊到艾夫的點子時，經常講得好像是賈伯斯自己想出來的。最後艾夫只好詳細記下是誰先想出哪個點子：「他（賈伯斯）拿我的設計去邀功的時候，我會很傷心。」

傳記作者史蘭德與特茲利在賈伯斯的傳記寫道：「他在生涯中面對媒體時，始終都忘記把蘋果的成功歸功給同事。」當記者為了撰文而請求訪問其他蘋果員工時，賈伯斯總是拒絕。對於這種態度，他提出的理由是他不想讓別人認識蘋果的優秀人才，否則他最優秀的員工會被其他公司挖走。而記者也看穿了他的鄭重聲明——「矽谷是個排外的小圈圈，科技人才就跟股市一樣被密切追蹤著」。

賈伯斯不想將自己的名氣分享給任何人或任何東西，甚至他自己的產品。一九八二年底，賈伯斯堅信《時代》雜誌要將他選為年度風雲人物。但最後登上雜誌封面的並非賈伯斯，而是被選為年度風雲機器的「電腦」。

雜誌裡的封面故事中有賈伯斯的簡介，上頭寫著：「史蒂夫．賈伯斯有著圓滑的銷售

話術，以及連基督教殉道者都甘拜下風的盲目信仰。沒有任何人能像他這樣一腳踹開大門，把個人電腦搬進你家。」

賈伯斯因為沒有登上《時代》的封面而大受打擊：「他們用聯邦快遞（FedEx）把雜誌寄給我。我記得我打開包裹時，滿心期待會看見我的臉，結果封面上卻是個電腦之類的東西。我心想：『搞屁啊？』」賈伯斯對於文章內容，與自己沒上封面，都感到非常失望，甚至哭了起來。

這起事件充分展現出了賈伯斯這位自我行銷達人，與他的繼任者提姆．庫克（Tim Cook）之間的極大差別。庫克曾經坦承：「有人怨恨史蒂夫搶走所有功勞，但我從來就不在乎……老實說，我寧願自己的名字永遠別出現。」

傳記作者艾薩克森解釋，對賈伯斯而言，名氣比金錢更重要：「他的自尊需求與個人動力，使得他為了滿足自己而創造令人敬畏的事蹟。其實應該說是雙重事蹟：做出創新的產品，以及打造能長久經營的公司。他想要與埃德溫．蘭德（Edwin Land，發明寶麗萊相機）、惠普科技兩位創辦人威廉．惠利特（Bill Hewlett）與大衛．普克德（David Packard）齊名——更準確來說，是高他們一等。」

賈伯斯認為金錢只不過是增加「能見度」的手段，由此可見公眾形象對他來說有多麼重要。根據傳記作者傑弗瑞．S．楊（Jeffrey S. Young）與威廉．L．賽門（William L. Simon）

在《i狂人賈伯斯》（*iCon Steve Jobs: the greatest second act in the history of business*）中表示，某次當賈伯斯被問到巨額財富所帶來的影響時，他指出「能見度」是最主要的因素。

「淨值超過一百萬美元的人有上萬個。身價超過一千萬美元的人有上千個。但是身價超過一億美元的人，只剩一百個而已。」賈伯斯是十足的行銷與公關天才。他的所有言行，都是為了行銷自己與他的產品。

拍廣告不賣產品，目的是宣傳蘋果「哲學」

賈伯斯於一九九七年回歸蘋果時，這間公司的處境非常絕望。股價已經崩盤，公司沒有吸引人的產品，人力也精簡了。創辦同名個人電腦公司的億萬富翁——麥可．戴爾（Michael Dell），曾被問及假如由他接掌蘋果，他會怎麼做？「我會把公司收掉，然後把錢還給股東。」

很多人都說，在賈伯斯當上執行長之後，第一件事就是委託那間拍出「一九八四年」廣告的公司設計廣告活動。早在他推出任何吸引人的新產品之前，他的策略就是利用這個活動來重振公司的品牌。這個活動並非宣傳特定的商品，而是宣傳蘋果的哲學。

這次廣告活動剛好展現出賈伯斯有多麼相信行銷與公關的效果。這個活動的目標對象

▲圖 9-1　1997 年蘋果公司的廣告口號：「Think Different。」同時也在回應 IBM 的長期標語：「Think」。

不只有顧客，也有蘋果的員工。賈伯斯希望啟發他們，使他們視自己為革新運動的一分子。

廣告活動的主題是「不同凡想」（Think Different，見圖 9-2），每份廣告都印了一位歷史名人的黑白肖像——阿爾伯特・愛因斯坦、聖雄甘地（Mahatma Gandhi）、約翰・藍儂、巴布・狄倫（Bob Dylan）、巴勃羅・畢卡索、達賴喇嘛、湯瑪斯・愛迪生（Thomas Edison）、查理・卓別林、馬丁・路德・金恩……。這些人都是賈伯斯的榜樣——有創意的獨行俠，有勇氣違逆潮流，既成功反抗時代精神、又成功塑造它。

賈伯斯說，這個活動的目的是

要提醒大家，蘋果代表什麼：「關於如何告訴別人你代表什麼、你的價值是什麼，我們努力思考了很久。我們發現，假如你跟某人並不熟，你可以問他們：『你心目中的英雄是誰？』只要聽到他們的英雄是誰，你就能夠知道他們許多事情。所以我們說：『好，我們會告訴他們，我們的英雄是誰。』」

「不同凡想」廣告最初的六十秒版本旁白如下：「這裡只留給瘋狂的人、不合群的人、反抗的人、製造麻煩的人、格格不入的人、以不同角度看事情的人。他們不喜愛規則，也不遵守現狀。你可以引述他們的話、不同意他們、美化他們或醜化他們；你唯一不能做的就是忽視他們。因為他們會做出改變，他們推動人類進步。雖然有人視他們為瘋子，但我們視他們為天才。因為唯有瘋狂到認為自己能改變世界的人，才能真正改變世界。」

為了維持「人設」，連父母都不要

賈伯斯將蘋果（而他自己是「蘋果運動」的宗師）與歷史人物、自由鬥士與藝術家相提並論，因為這正是他對自己的看法——他是藝術家，不是企業家。賈伯斯絕對不是科技門外漢，但他對技術的理解程度並不及競爭者比爾．蓋茲，或者蘋果的共同創辦人——史蒂夫・沃茲尼克（Steve Wozniak）。

在賈伯斯離開到重返蘋果的期間，他創辦了新公司 NeXT，儘管這家公司是在非常高競爭的產業內，而且根本沒有產品，但他仍然知道如何產生關注與吸引注意。賈伯斯的 NeXT 企劃跟蘋果一樣行銷過頭，他在還沒有產品可以行銷時，就為了公司的商標砸了一大筆錢。

根據蘋果早期的工程師赫茲菲爾德表示：「賈伯斯認為自己是藝術家，而他鼓勵設計團隊也把自己想成藝術家。」他甚至還帶他的團隊去參觀蒂芙尼（Tiffany）的玻璃燈具展覽，向他們展示偉大的藝術也可以大量生產。他向員工反覆強調，他希望蘋果的產品設計要達到紐約現代藝術博物館展覽的品質。

麥金塔電腦的設計完成後，賈伯斯召集他的團隊進行一項儀式。「真正的藝術家會在作品上簽名。」賈伯斯拿出一張紙與一支麥克筆，接著讓每個人都在紙上簽名，後來他們的簽名被刻在每臺麥金塔電腦裡頭。蘋果早期員工之一，為麥金塔開發圖像的比爾・艾金森（Bill Atkinson）回憶道：「他透過這一刻，讓我們將自己的作品視為藝術。」

賈伯斯強烈反對「設計只是產品的外觀或產品的包裝」這類觀點。他在《富比士》的訪談中解釋道：「對我而言，沒有事情無關設計。設計是創作的基本靈魂，最後一層接一層的向外展現出來。」

賈伯斯在與他的傳記作者艾薩克森對談時，清楚說出了自己曾達成的事蹟，並強調世上最偉大的藝術家與最偉大工程師之間的相似之處。這裡又一次可看出，他的目標是成為非凡之人，像是達文西、米開朗基羅等藝術家。

賈伯斯解釋道，偉大藝術家與偉大工程師的相似之處，在於他們渴望表達自己：「七〇年代，電腦成為人們表達創意的方式。像達文西這類偉大的藝術家，也很懂科學。」

賈伯斯視自己為藝術家。他非常刻意打造並培養自己的形象，而且從年輕時就這麼做了。例如他不說自己是被收養的：「我不希望任何人知道我有父母。我想要像孤兒一樣，搭火車在國內四處乞討，而且不知道從哪裡來，沒有根，沒有連結，沒有背景。」

其中一位賈伯斯學習的榜樣是羅伯特．費里德蘭（Robert Friedland）——某個蘋果農場的管理人。賈伯斯觀察魅力十足的費里德蘭是如何成為眾人注目的焦點。當時還很害羞的賈伯斯，從費里德蘭身上學習如何銷售產品，以及影響別人。

他學會怎麼凝視別人而不眨眼，並發展出掌控局面的技巧——沉默許久之後，再像連珠砲一樣說話。「激情與脫俗的古怪結合，再加上他的披肩長髮與蓬亂的鬍子，讓他帶有一種瘋狂巫醫般的氣質。」作者艾薩克森如此形容青少年時期的賈伯斯。

因為賈伯斯認為自己很特別，他總覺得規則只適用於別人，並不適用於他。他開車不掛車牌，還經常把車停在殘障車位。他有辦法達成「不可能的事情」，也就是所有人都覺得不切實際、不可行的事情。而他的風格有一部分就是靠著這樣的聲譽而形成的。

假如有人跟他提到「不可能」三個字，或告訴他某件事技術上不可行，他就會生氣。當作業系統工程師再度試圖向他解釋，為什麼他們辦不到一開始就認為不可能的事，賈伯斯卻反問他們：「如果能救人一命的話，你們會不會想辦法讓開機時間快個十秒？」

賈伯斯也將他銷售產品的方法運用在自己身上——藉由自己的形象創造出好認的註冊商標。他在產品發表會上都穿著牛仔褲、運動鞋與黑色高領毛衣。他的毛衣是由知名設計師三宅一生設計的，而且這種毛衣他總共有一百件左右。

某次賈伯斯去日本拜訪索尼（Sony）時，看到那裡的員工都穿著制服。他覺得這主意太棒了，於是興致勃勃的打電話給三宅，請他替蘋果員工設計一件制服。結果員工恨透了這個主意，所以賈伯斯難得沒有得逞。

「蘋果將改寫電話的定義」——賈伯斯會自己寫頭條

賈伯斯接受採訪的次數，比本書中介紹的許多人物少很多。他的重心完全放在大型產品發表會。他以無比的完美主義準備發表會，因此全世界所有大媒體都會報導。

他是一個真正的表演者——只要站在舞臺上，他就會活起來。其中一個原因是，他在發表會期間，可以對活動行使控制權，但如果接受報社採訪就不可能辦到。賈伯斯在其中一次發表會曾斥資六萬美元，請一間投影公司幫他製作視聽簡報，還聘用後現代劇場製作人喬治．科特斯（George Coates）負責演出。《芝加哥論壇報》表示：「這次發表會就像梵蒂岡第二屆大公會議。」

艾薩克森在賈伯斯的傳記中曾寫道：「賈伯斯先引爆熱潮，而熱潮大到會自己延燒，就像連鎖反應。每次有大型發表會時，他都能複製這種現象，從一九八四年的麥金塔，再到二〇一〇年的 iPad。他就像魔術師，能夠一次又一次變同樣的戲法，哪怕記者已經看過好幾次、也知道他是怎麼變的。」

有些招式他是跟雷吉斯．麥肯納（Regis McKenna，他的公關顧問）學的，麥肯納很擅長結交與安撫傲慢的記者。但賈伯斯也有自己的直覺，知道如何煽動激情、操縱記者的競爭本能，以及用獨家採訪的權利換取大量的好處。雖然賈伯斯鮮少對媒體發表言論，但他經常會提供「獨家」專訪給特定的媒體，不過交換條件則是這篇報導一定要上封面。

身為記者，史蘭德採訪了比爾．蓋茲與賈伯斯好幾年。根據史蘭德表示，蓋茲通常都非常配合拍照——主要是希望越快拍完越好。當史蘭德找上賈伯斯，提議替《財星》（Fortune）雜誌寫一篇文章時，討論最激烈的並不是文章本身，而是陪襯文章的照片。

「史蒂夫對於陪襯文章的照片有著各種建議，尤其是關於他的封面肖像要採用什麼風格。他對於自己的肖像有很強的虛榮心，並總是希望能夠親自決定誰來拍攝他、甚至照片要怎麼擺。」史蘭德說：「史蒂夫這輩子對於媒體報導的戰略價值，都有著很敏銳的直覺。事實上，他比其他任何在世的生意人更擅長管理媒體。」

成功公關的藝術，重點在於傳達核心訊息，讓媒體替你做完大部分的行銷工作。說到創造獨特且難忘的金句，賈伯斯絕對是大師。他在簡報的時候都會使用好記、單句的描述與標語，以精闢描述產品。

例如他用「全世界最薄的筆記型電腦」這句簡潔的標語來介紹 MacBook Air。他知道記者喜愛既簡短又吸引人的標語。幾乎所有產品都有賈伯斯加上的標語，而且它們都是在初期規畫階段就細心創造出來的，距離揭曉或行銷產品還早得很。

例如二〇〇八年一月十五日產品上市時，他的標語「全世界最薄的筆記型電腦」，就反覆出現在所有傳播管道：簡報、網站、新聞稿、訪談、廣告、告示牌與海報。

在《大家來看賈伯斯》一書中，蓋洛描述這位蘋果創辦人，如何運用始終如一的訊息與精心打造的標語，來傳達產品背後的願景。賈伯斯會創造出既簡短又清楚的訊息，而且只要一有機會就重複它。

舉例來說，二〇〇七年一月九日，科技雜誌《個人電腦世界》（*PC World*）刊出一篇文章，宣布蘋果將會「改寫電話的定義」。但這個標題並非《個人電腦世界》的記者想出來的，而是蘋果創造了這個頭條，並且在揭曉 iPhone 的專題簡報時，賈伯斯也重複講了超過五次。

「賈伯斯不會等媒體創造頭條。他會自己寫，然後在簡報中重複好幾次。在賈伯斯解釋產品的細節之前，他就會先講出能寫進頭條的名言。」

最重要的是，賈伯斯是自我行銷的天才。他把應用於行銷蘋果產品的原則，也用在將自己塑造成品牌。他並非扮演一個虛構的角色，他為自己選擇的人物特質是百分之百真實的——完全囊括他的矛盾與瘋狂。沒錯，這種瘋狂是他刻意培養的。他最大的弱點就是在與人往來時，幾乎完全無法控制自己——他會毫不留情的一再攻擊對方。但他並沒有試圖隱藏這個弱點，而是讓它成為「賈伯斯神話」（他刻意營造的形象）的關鍵成分。

在《成為賈伯斯》一書中曾寫道，有一位記者跟賈伯斯很熟，後來甚至成為多年老友。他提到這位蘋果創辦人的公眾形象：「史蒂夫跟諷刺漫畫相反，也不像我為《財星》或《華爾街日報》採訪過的大多數執行長，他總是看起來很有人味、很直率，而且喜歡講一些刺耳卻精闢的真話。」

賈伯斯不會壓抑自己的心情，而是任由它宣洩出來。他可以在別人面前痛哭，或像笨蛋一樣大叫——他常常又哭又叫。但他也可以熱情奔放的激勵別人，並說服他們共享他的偉大願景。他既討厭常態，也討厭修正自己的行為以符合外界強加的舊規。

社會規範與規則不適用於叛逆者或藝術家。就這方面來說，賈伯斯這種類型，很像奧地利經濟學家約瑟夫．熊彼得（Joseph Schumpeter）描述的創業家：「社會群體的成員若是有偏離常軌的行為，就會遭到其餘成員的譴責。而這種譴責可能導致社會排擠這個偏離常軌的人。」這也是為什麼大多數人都循規蹈矩。然而總是有少數人會因為周遭人士的震驚反應而受到激勵，也有人會因為這個理由，刻意做出無視社會規範的行為。

一個人如果要做某件「嶄新且不尋常」的事情，他不只要應付外在的反對，也要克服自己根深蒂固的抗拒感。熊彼得所描述的這類創業家會「違逆潮流」；與被動、享樂主義的人相反，這類創業家會對抗「束縛」，但這種對抗並不適合所有人。

更重要的是，「就算這件事情沒人做過，他也無所謂。他感覺不到拘束，但這些拘束會限制其他經濟主體的行為。這類人心中的定論，是從自己周遭世界的資料歸納出來，而不是占多數的靜態經濟主體。這種創業家類型的人對於事業的看法，會截然不同於他的同儕與上司。」用熊彼得的這些字句來形容賈伯斯，再適合不過了。

賈伯斯成名的藝術

- 賈伯斯並沒有將自己定位成企業家，而是培養出藝術家、反抗者與心靈大師的形象。在別人眼中，他肩負的使命不只是製作最新的電子產品，而是改變世界（在宇宙中闖出一片天），並為了捍衛自由（蘋果）而對抗全面洗腦（ＩＢＭ）。
- 將產品簡報提升成一種藝術形式，讓重大產品發表會表演得像是宗教布道大會。
- 賈伯斯將行銷與公關擺第一。他回到蘋果後，在還沒推出新產品之前，就先斥資鉅額在「不同凡想」廣告活動。
- 賈伯斯擅長構想簡短且值得引用的核心訊息，供媒體報導。
- 賈伯斯沒有試圖隱藏自己的弱點——他非常情緒化，經常無法控制自己的情緒。但他欣然接受這些弱點，並將它們當成品牌形象的一部分。他可以在別人面前痛哭，或像笨蛋一樣大叫。他讚頌自己的「瘋狂」，把它當成品牌形象的核心。
- 蘋果的企業傳播只聚焦於賈伯斯。他一手掌控行銷的所有層面，甚至堅持他有權決定誰可以替他拍照，以及照片要怎麼放。

第十章

重點不是比別人好，而是跟別人不一樣！

「我知道我不是全世界最好的歌手或舞者。但我也對這些事情沒興趣。我只想要煽動觀眾的激情。」

——瑪丹娜

根據《告示牌》的「百大藝人」排行榜，瑪丹娜是史上最成功的獨唱女歌手，並在榜上排名第二，僅次於披頭四。有鑑於她超出音樂界的影響力，《時代》雜誌也將她選入「二十世紀最有權勢的二十五位女性」。

她是極少數能夠持續走紅數十年的女藝人之一。這位由義大利裔美國人父親與法國裔加拿大人母親所生的女兒，光在二〇一二年就靠一場世界巡迴演唱會賺了三億美元。二〇一六年，瑪丹娜被《告示牌》雜誌選為「年度女性」。

專家都同意瑪丹娜之所以如此成功，絕對不是因為她有傑出的歌唱能力。卡蜜兒・巴伯恩（Camille Barbone）是瑪丹娜的導師與生涯初期的經紀人，她曾經說道：「瑪丹娜很有天賦嗎？並沒有。她就是個普通的音樂人，勉強可以寫歌與彈吉他而已。不過她非常會作詞……但更重要的是，她的個性使她成為傑出的表演者。」

知名樂手安東尼・傑克森（Anthony Jackson）曾和許多大明星一起演唱過，其中就包括瑪丹娜。他回憶道：「我必須大力稱讚瑪丹娜。她知道自己不是最棒的歌手，但她知道怎麼把音樂寫出來。她有自己的風格，懂得選歌，還會引導歌曲的走向。」

一九九五年，瑪丹娜領銜主演《艾薇塔》（*Evita*）。這部好萊塢電影改編自一九七八年提姆・萊斯（Tim Rice）與安德魯・洛伊・韋伯（Andrew Lloyd Webber）製作的當紅音樂劇。即使瑪丹娜已確定演出這個角色，但韋伯還是不相信她的歌唱能力。而當時已經聞名全球並位於生涯高峰的瑪丹娜，卻還是請了一位知名的聲樂指導，協助改善她極為平庸的歌唱技巧。結果瑪丹娜有了大幅進步，連自己都很吃驚。

她的傳記作者J．藍迪．塔拉普雷利（J. Randy Taraborrelli）透露：「好像她睡一覺起來，就神奇的變成了真正的歌手。」儘管瑪丹娜這麼努力，她在開拍第一天於韋伯面前演唱《阿根廷，別為我哭泣》（*Don't Cry for Me, Argentina*）時，還是崩潰了。她覺得自己唱得很爛，邊哭邊衝出攝影棚。

在與導演亞倫．帕克（Alan Parker）緊急開會之後，大家決定瑪丹娜應該在較小的攝影棚錄音，而管弦樂團在別的地方錄音。此外他們也讓她每兩天唱一次就好，這樣她就有額外的時間休養嗓子。錄音是非常辛苦的過程，演員與導演努力了四個月才錄完電影配樂。

和所有人都不一樣，讓瑪丹娜紅了三十年

在瑪丹娜音樂生涯初期，她的經紀人就發現，只聽過她的歌聲、而沒親自看過她現場表演的唱片公司高層，不可能被她給吸引：「瑪丹娜在現場觀眾面前的表演很成功，令她的新經紀人很興奮，但如果只打算用她的試聽帶來打動唱片公司高層，就沒那麼簡單了。

▲圖10-1　2008年11月26日，「甜又膩」（Sticky & Sweet）巡迴演唱會最後一站。在瑪丹娜情色氣氛濃厚的演唱會中，經常在舞臺上模仿自慰。
photo credit：Michael Bush / Alamy Stock Photo

大多數人都不會只因為瑪丹娜的歌聲就像相中她。她是視覺表演者。所以整套包裝是很重要的，絕對不能只靠歌聲，畢竟她的歌聲頂多只能算普通。」

一九九一年，瑪丹娜解釋道：「我知道我不是全世界最好的歌手或舞者。但我也對這些事情沒興趣。我只想要煽動觀眾的激情。」而在一九九九年，她回憶道：「每個人都同意我很性感，但沒人同意我有才華，這真的令我很生氣。」

顯然歌藝並非她成就輝煌生涯的理由。而這件事實，也令她的傳記作者塔拉普雷利在著作開頭問道：「這位女性藝人，長相並沒有特別美麗，雖然有才華但也沒有很傑出。在這超過三十年的時間，她是怎麼持續站在演藝事業的高峰，成為成功與魅力的象徵？」

一九八〇年代末期是流行音樂的新時代。在這個時代，歌手可以成為品牌，而瑪丹娜是第一批利用這個機會的人之一。然而從瑪丹娜青少年時期就認識她的人們都同意，「瑪丹娜早已下定決心，要做『某件事情』使自己出名」。

她知道自己想出名，但不知道該怎麼做，或為了什麼。她的朋友艾莉卡·貝爾回想起某次對話，她們當時在討論瑪丹娜最想要的東西是什麼。瑪丹娜立刻回答：「我想出名，我想引人注目。」

她朋友說她已經很引人注目了，瑪丹娜則答道：「還不夠，我想吸引全世界的目光。我希望世界上所有人不只認識我，還要愛我、愛我、愛我。」二〇〇〇年，當時瑪丹娜已經非常有名了，但她卻說：「我現在的目標還是跟小時候一樣。我想統治世界。」又有一次她甚至說出：「直到我跟上帝一樣出名為止，我都不會快樂。」

起初瑪丹娜從來沒有踏上歌手生涯的念頭。她想成為舞者，而在一九七七年，她獲得獎學金，前往紐約參加為期六週的夏季聯誼會，並與艾文·艾利美國舞蹈劇院（Alvin Ailey American Dream Dance Theater）一起練舞。當時她十九歲，而且是生平第一次被跟她一樣兼具才華與野心的舞者所圍繞。

「每個人都想成為明星。」當時瑪丹娜下定決心要成為首席舞者，可是後來她意識到，無論想成為首席舞者或成功的舞蹈老師，都需要多年苦練，而且非常難成名，於是她就放棄了當代舞蹈。有一陣子她甚至擔任年輕藝術家的裸體模特兒，靠這樣賺錢。「我覺得這樣就可以遇到新鮮的事情，或許我能成為模特兒，誰知道呢？」

後來瑪丹娜又覺得演戲會是她的成名之路。她一直把「我想當電影明星」掛在嘴邊。她有位朋友說，當時音樂只不過是她步入影壇的跳板而已。「我不覺得她會想到自己三十年後還在做音樂。」但她後來領悟到音樂才是主要的成名之道。假如成功的話，衝擊力就像子彈擊中目標一樣強勁。

早在學生時期，瑪丹娜就知道**自我行銷的基本法則：重點不是比所有人都好，而是跟所有人都不一樣**。她在生涯後期回顧過去：「我是在中西部的郊區長大的，光這樣我就知道這世界分成兩種人：一種人遵守現狀、謹慎行事，另一種人則拋開傳統習俗，隨著另類的聲音起舞。而我就是第二種類型……。」

就算她發現這樣做會讓日子變得難過許多，而且會被人視為麻煩製造者，但她早已有所覺悟：「我從來就不想跟別人做一樣的事。我覺得不刮腿毛或腋毛會比較酷……我敢打賭別人會喜歡我本來的樣子，以及我不服從的態度。」

性愛與挑釁，構築了品牌識別度

從音樂生涯初期，瑪丹娜就穿著反傳統的服裝來顯示她很特別、她正在違逆潮流。而她知道這樣做就能夠吸引她想要的關注。她回憶自己還是舞蹈學生的時候：「所有來上課的女孩子，都穿著黑色體操服與粉紅色褲襪，頭髮綁成包包頭然後戴著小花。所以我把頭髮剪得很短，還抹油讓它豎起來，然後我把褲襪撕破，讓它整件都抽絲。每一件事都是為了從她們當中凸顯我自己，然後說道：『我不像你們，OK？我也在上舞蹈課，但我不像你們一樣杵在這裡。』」

後來，她領悟到挑釁與冒犯社會規範，正是構築品牌識別度的關鍵之一。瑪丹娜的座右銘是：「我寧可讓人們覺得很煩，也不願被人們遺忘。」雖然其他公眾人物都很怕負面報導，但瑪丹娜就跟川普一樣，認為負面報導其實可以「轉正」，並拓展她的粉絲群。

她相信越多媒體說她的風格很「垃圾」、家長越強烈反對她的外表，反而會更加鼓勵叛逆的小孩模仿她。瑪丹娜的成功，完全證實她自己兒時描繪的藍圖：做出驚人之舉，而假如夠嚇人的話，大家就會議論紛紛。她並不在乎其他人說什麼，只要他們有討論她就好。

瑪丹娜對大眾的挑釁，多半與性愛有關，包括經常將性愛與宗教並列。在她最成功的歌曲之一〈宛如禱者〉（*Like a Prayer*）的影片中，瑪丹娜親吻一位黑人扮演的基督，他身上有著聖痕，眼睛流著血，並且在一整片燃燒的蠟燭前跳舞。這部影片被貶為深夜MTV，教會領袖們甚至呼籲信眾抵制百事可樂（按：〈宛如禱者〉原本是要連同百事可樂的廣告宣傳一起推出），於是這間飲料大廠只好撤掉由瑪丹娜主演的大預算電視廣告。

一九八四年MTV大獎（MTV Awards）典禮上，瑪丹娜四處扭動身體，還在一個巨大的白色婚禮蛋糕上演示性愛動作；主持人覺得非常困惑，許多觀眾更是被激怒了，但在典禮結束後，各家媒體與攝影師都爭相要替瑪丹娜拍照。

在瑪丹娜情色氣氛濃厚的演唱會中，她甚至會在舞臺上模仿自慰。有一次在世界巡迴演唱會的北美場次期間，多倫多警方警告瑪丹娜，假如她按照原定計畫開唱，他們就要以猥褻為理由逮捕她。結果她反而把自慰場面演得更誇張。而在義大利也有反對瑪丹娜的聲浪，由天主教徒組成的壓力團體，呼籲大家抵制她的演唱會。

瑪丹娜引起的激情，在一九九二年十月達到最高峰。這位歌手出了一本一百二十八頁的圖文書，內容盡是色情照片與文字，而且書名非常挑釁，就叫做《性》（*Sex*）。該書旨在用文字與照片展現瑪丹娜的情色幻想，而且照片遠比文字還多。在本書中，瑪丹娜解釋自己為什麼如此喜愛肛交，而書中也有大量她與女性擺出做愛姿勢的照片。最重要的是，這本書透過文字與圖像來表達她對於性虐戀（sadism and masochism）的喜愛，而且整本書都可以看見瑪丹娜參與自慰場面。

《性》被行銷成限量版的藝術作品，每一本都有編號。製作與印刷流程都經過精心計畫，且用金屬螺旋裝訂——這是瑪丹娜的主意。而為了強調這本書是「禁書」，每本書都用銀色錫箔封口袋包住才販售。

媒體普遍對於《性》的評價都是負面的。《華盛頓郵報》（*The Washington Post*）形容它是「太大本又太貴的大開本精裝書，裡頭全是露骨的性幻想。」《觀察家報》（*The Observer*）對它的評語是：「上了年紀的醜聞成癮者，以絕望之情所調製成的甜點。」

儘管評價很冷淡，但群眾對於《性》的議論，還是使這本書躍升為《紐約時報》暢銷書榜首。一九九二年十月二十二日，本書同時在七個國家出版，一百萬冊立刻銷售一空。《性》出版的同時，瑪丹娜還推出一張新專輯《情慾》（*Erotica*），影片裡頭的瑪丹娜扮演戴著面具的施虐狂。MTV頻道拒絕在白天播出這部影片，而《情慾》也是瑪丹娜第一張封面被加註警語的專輯：「露骨歌詞，需家長指導」。

這次瑪丹娜算計的策略並沒有成功，而且她的持續挑釁也不管用了。《情慾》只賣了兩百萬張，令瑪丹娜很失望（按：瑪丹娜過去四張專輯在美國皆有超過五百萬張的銷量）。自從《性》出版引起爭議之後，瑪丹娜的人氣也創下新低。

當群眾只透過持續高張的批評聲浪來看待某個人物，那麼此人就極可能採取更激進與挑釁的方式來回應群眾，使自己深陷危機。不過瑪丹娜充分展現了其公關天分，她清楚知道何時該打退堂鼓，或採取更進一步行動贏回群眾的心。

當自己的新書爆發醜聞後，瑪丹娜舉辦了橫跨四大洲的世界巡迴演唱會，並取名為「少女秀」。她的傳記作者塔拉普雷利說道：「這次演唱會還是很性感，但就只是純粹的歌舞表演而已，並沒有要公然驚世駭俗的意思。過去兩年來的強烈性虐戀形象，以及帶有褻瀆意味的宗教圖像，都已經消失了。」

但這不代表瑪丹娜準備要完全放棄她一直以來的挑釁態度。比方說，一九九四年三月三十一日，她在高人氣節目《大衛深夜秀》（*Late Show with David Letterman*）上的醜態，足以載入史冊。

這集脫口秀開始沒幾秒，瑪丹娜就先罵主持人賴特曼是「有病的混蛋」（sick fuck），然後以猛烈砲火羞辱他：「你以前很酷，結果看到錢你就軟掉了。」

賴特曼試圖讓局面平靜下來，結果她越罵越凶：「我們可不可以打破規則啊？錄影流程就管他去死吧！有夠做作的。」當賴特曼試著結束訪談時，瑪丹娜拒絕離開座位。她氣到火冒三丈：「別搞我，大衛。別把我當笨蛋。」

到訪談結束為止，瑪丹娜總共罵了十三次「幹」（fuck），並且把自己的內褲脫下給賴特曼，然後談論自己邊淋浴邊小便的事情。節目結束後隔天，瑪丹娜被媒體毫不留情的炮轟，她的人氣又創下新低。

於是瑪丹娜重拾類似的止血策略。她知道自己對賴特曼太過火了，因此她在下一個脫口秀《傑哥戽斗秀》（*The Tonight Show with Jay Leno*）就收斂許多。她甚至在MTV大獎典禮上，公開與賴特曼和解。

放下自尊心，也是自我行銷的重要面向

瑪丹娜領悟到她因為性與宗教方面的駭人演出而激起的爭議，已經變成反效果了。在慎重考慮之後，她決定不再與醜聞扯上關係。「過去十年來有太多爭議圍繞著我的生涯，因此幾乎沒人注意我的音樂。」她如此說道。

「我不後悔從前自己基於藝術考量而做出的決定，但我已經學會去體會更單純的做事方式。」瑪丹娜用這句話來介紹她下一張錄音室專輯《回憶往昔》（*Something to Remember*），於一九九五年年末推出。根據她管理團隊的某個成員表示：「她知道該是改變的時候了。除非她很笨才會不曉得，但瑪丹娜從來就不是笨蛋。對於人們怎麼評論她，她感到很難過，還有點情緒失控。這就是她匯集《回憶往昔》這張精選輯的原因，她希望提醒大家，除了從她生涯初期就一直圍繞著她的爭議，她還有別的東西。」

此外，瑪丹娜還決心實現她的夢想——成為知名演員。儘管她已經是位成功的歌手，但她從來就沒放棄過這個從青少年時期就立下的志向。不過，她的電影生涯從未真正起飛，幾部電影都失敗了，無論影評還是觀眾都不捧場。

當她被視為音樂劇《艾薇塔》改編電影的主角人選之一，她覺得這是大好機會。她知

道自己絕對不是第一人選，可是當大家最喜愛的人選蜜雪兒・菲佛（Michelle Pfeiffer）角逐失敗後，瑪丹娜快速且果決的採取行動。

她親筆寫了一封長達四頁的信，寄給電影的製作人、導演兼編劇帕克，解釋自己為什麼是飾演艾薇塔的完美人選。「瑪丹娜在信上承諾，假如帕克給她這個機會，她一定會盡全力唱歌、跳舞與演戲。她會先放下生活與生涯中其他所有事務，將她的時間與精力奉獻給《艾薇塔》。」塔拉普雷利寫道。

瑪丹娜的信很不簡單，因為它揭曉了自我行銷另一個極為重要的面向（放下自尊心）。其他超級巨星（瑪丹娜當時無疑是全球偶像）可能都過於驕傲，無法親筆寫這種長達四頁的請願書。無可否認，瑪丹娜也非常驕傲，但她實在太渴望讓名氣更上一層樓，以及澈底改變形象（她沉溺性愛所產生的爭議，使她的形象大受打擊）。因此她把自尊心擺第二。

可是當她讀過《艾薇塔》的劇本後，她害怕這部電影可能傷害她的形象，因為艾薇塔為了登上頂點而睡過許多男人（其實瑪丹娜也半斤八兩）。她直言不諱的向帕克說出她的擔憂：

「這真的不是我。」瑪丹娜告訴導演帕克。

「確實不是啊。」他回嘴：「她是艾薇塔・裴隆。」

「可是我的觀眾會覺得是我。我又不是這個樣子。」

「就跟你說她是艾薇塔．裴隆啊！」

瑪丹娜總是非常在意她的公眾形象，並且力勸導演修改劇本，讓艾薇塔（還有她自己）更人性化、更有同情心，然後少一點心機。

這部電影於一九九六年十二月上映，而且與瑪丹娜其他電影不同，無論票房與評價都獲得極大的成功。然而就跟任何劇烈的形象轉變一樣，瑪丹娜演出主流音樂劇令她一些粉絲很失望，尤其是喜愛她叛逆與顛覆特質的人們。但她早就有心理準備要承受這件事了。

在她人生的這個時間點上，瑪丹娜最優先的事項就是重新調整她的公眾形象。一九九八年三月，她推出下一張專輯《光芒萬丈》（*Ray of Light*），其中很明顯可看出她個人與藝術上的演變。

這張專輯的歌曲，歌詞裡頭沒有半個跟綑綁式性愛或口交有關的字眼，反而都在述說生態、宇宙、地球、天上的星星、天使、天堂，而且令評論家驚訝的是，歌詞以尊敬的態度提到了上帝與福音。

過去瑪丹娜成名的十五年來，她只拿過一次葛萊美獎（一九九一年獲最佳影片獎），但她在一九九九年以《光芒萬丈》一次拿下四座葛萊美獎項——最佳流行樂專輯、最佳唱片包裝、最佳舞曲錄製以及最佳音樂錄影帶。

就跟她早期的專輯一樣，瑪丹娜靠這張唱片在新興音樂趨勢中占了一席之地。她樂於接納電子樂（electronic）與鐵克諾音樂（techno），再混合她自己的音樂風格。

她一直都了解持續創新的重要性，拒絕被歸類為單一固定的風格或聲音。這條主軸貫穿她整個生涯，從她成功的出道專輯就開始了。她決心在第二張專輯嘗試截然不同的東西，而這個態度令她的唱片公司華納兄弟很緊張。

瑪丹娜的鼓手吉米・布拉洛威爾（Jimmy Bralower），之前曾經與 Chic 樂團、霍爾與奧茲（Hall & Oates）樂團合作過。他回憶道：「當你用同一種曲風唱出三首熱門金曲，你就會繼續這樣唱下去。只要沒搞砸，就不必修正。可是瑪丹娜會強烈反抗所有正常趨勢，她就是在跟趨勢『對幹』。」

她的第一張專輯深受放克音樂影響。接著曲風就轉變成《宛如處女》（*Like a Virgin*）這種琅琅上口的商業流行歌曲。等到她成為成熟的藝人之後，她逐漸將爵士、節奏藍調、靈魂樂等元素融合典型的嘻哈元素。更晚期的時候，她也將鐵克諾元素融入自己的音樂。

如此持續不斷的創新，需要適度的勇氣。在演唱會時，群眾會再三要求瑪丹娜唱最琅琅上口的金曲，但她只會有限度的滿足他們。她的生涯就是挑釁與主流之間的平衡之舉，介於「緊追熱門趨勢」與「以前衛眼光蔑視舒適圈」之間。

她的生涯自始至終，都陸陸續續有人指控她是「音樂小偷」，有些甚至還鬧上法庭。瑪丹娜深受她周遭的音樂界影響，而且從來就不忌諱抄襲別人。

最重要的是，她總是願意學習新事物，也從來不停滯太久。擔任她現場樂團鍵盤手的比爾·梅耶斯（Bill Meyers）回憶道：「有一次她要求我還有聲樂指導陪她解析歌聲。有些歌手覺得他們不必做這麼多，但她就是會這麼做。」

為了受人注目，連約會行程都會告訴記者

瑪丹娜熊熊燃燒的野心驅使她不斷向前進，她想持續改善自己。打從一開始，她的主要動力就是極度渴望出名。就算她經常抱怨擾人的媒體報導與成名的代價（跟所有名人一樣），她最享受的事情還是成為眾人注目的焦點。

在生涯後期，她甚至說她不讀跟自己有關的報紙文章，但當媒體的報導是正面消息時，她的反應就截然不同了。舉例來說，一九八五年五月，瑪丹娜首度登上《時代》的封面。她迫不急待站在家門口，等郵差將裝在信封裡的雜誌交給她。

瑪丹娜撕開信封、拿出雜誌，然後興奮不已的尖叫。「喔，我的天啊！看看我！」她

手拿著雜誌，開心的在房間裡手舞足蹈。「我上《時代》雜誌封面了！妳相信嗎？妳看！妳能想像嗎？」她的助理不可置信的回答：「不，我不相信。」瑪丹娜突然停止跳舞，轉身跟助理對質。「妳什麼意思？妳不相信？我為什麼不能上《時代》的封面？」她的助理急忙解釋她不是那個意思，結果瑪丹娜把怒氣出在她當時的男友、之後的老公——演員西恩・潘（Sean Penn）身上。

她叫助理打電話給西恩，請西恩來她家親自看看這本雜誌。西恩告訴助理他太忙了，瑪丹娜應該寄一本給他就好，結果瑪丹娜搶過電話，以傲慢的口氣要他馬上過來：「你有幾個女朋友上過《時代》的封面？只有一個！就是我！現在就給我滾過來！」

西恩本來就很出名，他也痛恨媒體炒作他們的戀情，所以堅持婚禮要私下舉行，瑪丹娜卻在沒告知他的情況下，請她的宣傳人員昭告媒體；而她之前跟西恩吃晚餐或看電影時就經常這樣做。

「我不懂這些傢伙為什麼知道我們的一舉一動。我們不管去哪裡都有一狗票他媽的攝影機！」瑪丹娜懶洋洋的回答：「我們是明星耶，西恩。大家當然會拍我們。所以有什麼大不了的？」然後又補了一句：「聽好，我努力打拚就是希望大家關注我。管他的，我要好好享受每一刻。這樣又怎麼了？不習慣的話就滾吧！」

她所做的一切，代表的是自由的現代新女性

瑪丹娜投入許多時間與精力來產生關注度與發展她的巨大名氣，但她從來就不喜歡談這件事。「與其讓群眾了解她的巨大名氣是出自她的公關天賦與才華，瑪丹娜似乎想讓群眾相信她的名氣『只』出自她的才華。」塔拉普雷利寫道。

就跟歐普拉與卡戴珊一樣，瑪丹娜培養出一大群女性粉絲，在她們眼中瑪丹娜不只是歌手而已。瑪丹娜自詡為現代女性主義者——並不是那種排斥、甚至痛恨男性的女生，而是既強悍又有性吸引力的女性，拒絕順從傳統的期望。

瑪丹娜用盡所有辦法來抗拒自己被歸類，而正是因為她的矛盾，使她成為這樣一個受歡迎的人物，並且反映了現代女性的需求與渴望。這個效應可以在《我夢見瑪丹娜》（*I Dream of Madonna*）一書中明顯看出來。

這本書收錄了女性對於瑪丹娜的夢境，由德州民俗學家凱．特納（Kay Turner）匯編成冊。在這本書中，各種年齡與背景的女性，描述瑪丹娜這位藝人與歌手，在她們的生活中扮演什麼角色。對某些人來說她是解放者，對其他人則是共謀者、狐狸精或賦能者：「她擁有一般女性的特質，而當時她的影響力無遠弗屆，真的很了不起。」

瑪丹娜的夢想，套句她自己說的話，就是「代表某件事物」。她知道這就是品牌定位的本質。「我想成為某件事物的象徵。而我覺得這就是所謂的『征服』。征服就是代表某件事物。我的意思是，就我看來，瑪麗蓮．夢露（Marilyn Monroe）征服了世界……她一定代表了什麼。」

對許多女生來說，瑪丹娜是現代女性主義的化身。她視女性為三次元的存在，並且駁斥任何認為「女性自決」與「對美貌與性慾的肯定」必定互不相容的概念。

美國女性主義藝術與文化史學家卡米拉．帕格里亞（Camille Paglia）曾寫道：「瑪丹娜教會了年輕女性，使她們既能夠非常性感、女性化，又能夠完全掌控自己的生活。」

根據帕格里亞表示，瑪丹娜以嶄新的女性主義（既現代又討喜）反擊傳統的女性主義：「老套的女性主義言論居然被一個超級巨星挪用，實在令人吃驚。她在文化史上的重大成就，是推翻第二波女性主義下的拘謹守舊派，並解放長期不敢出聲、支持性愛與美貌的女性主義派別。拜她所賜，新潮流在一九九〇年代大獲全勝。」

對瑪丹娜來說，女性主義從來就不是對抗男人，而是討論傳統上男性為自己主張的自由——尤其是性愛。她的年紀越大，愛人就越年輕。

二〇一九年，六十一歲的她，因為交了二十五歲的男友而登上頭條。這種巨大的年齡差距，通常是有錢男性的專利，他們有許多人的女朋友都比自己年輕很多。可是對瑪丹娜來說，這樣的行為就是在表達一種激進的自由、以及她我行我素的作風。「我代表的是表達的自由，做你相信的事情，並追求你的夢想。」

瑪丹娜成名的藝術

- 藉由自己對性愛的描寫（在舞臺上模仿自慰，《性》一書中的性虐戀幻想），以及將十字架等宗教性符號與性愛聯繫在一起，刻意引起爭議。
- 瑪丹娜通常會將挑釁行為做到極致，但當她意識到自己做得太過頭、使她的人氣受損時，就會重新調整自己的形象，重拾比較傳統的流行歌曲與舞臺表演——她會回到主流的溫暖懷抱。
- 有一段時期瑪丹娜決定只專注於性愛主題，之後又成功重新定位自己，轉變她的形象。她甚至要求重寫《艾薇塔》的劇本，以便更符合她的新形象。
- 瑪丹娜並沒有驕傲到不主動推銷自己。即使身為世界知名歌手，她還是掌握主動權，寄了一封長達四頁的親筆信給《艾薇塔》的製作人，解釋她為什麼是這部電影最完美的女主角人選。
- 雖然瑪丹娜不是非凡的歌手或舞者，也絕對不是那個世代最有才華的演員，但她還是把自己塑造成一流的表演藝人與強大的品牌。

・瑪丹娜將自己定位為現代女性，一方面視自己為女性主義的先驅，另一方面又有稀世的美貌與強大的性慾。她自信滿滿的利用自己強大的性慾與好看的外表，把它們當成「情色資本」，而且不為此感到不好意思。對她來說，女性主義不代表對抗男性，而是代表跟男性享有同樣的自由——包括交一個小她三十六歲的男友。

第十一章

大眾總是同情弱者，你要顯露情緒

「我想成為人民心中的女王。」

——黛安娜王妃

黛安娜．史賓沙在二十歲時嫁給英格蘭的王儲，而她的人生展現了一件事：一個人就算教育程度低、缺乏高智商的人應有的特質，也能成為自我行銷的大師。對黛安娜來說，她的情商（ＥＱ），尤其是同理心，使她成為世界上最知名、最受人敬仰的人物之一。

情緒商數很高的人（與典型的高智商人士相反），通常都會展現出特別的同理心。他們可以體會別人的感覺，更快速的識別他人行為背後的隱藏訊號，並且更妥善的順應別人的需求。

早在一九八三年，心理學家霍華德．加德納（Howard Gardner）就提議擴展智商的傳統概念，不只包括語言與數學技能，還有一些其他的「智力」。若要將自己建立為品牌，情商所扮演的角色，可能遠比傳統ＩＱ測驗測量的技能還重要。缺乏學術教育絕對不是劣勢。事實上，它甚至可能是優勢。

王妃的魅力，來自高情商

黛安娜九歲時進入利德沃斯廳寄宿學校（Riddlesworth Hall Boarding School）就讀，雖然她的兄弟姊妹都表現出色，但她頂多只能算是普通的學生。不過她並沒有兩手空空的畢業，她贏得了「最受歡迎女孩」獎盃，以及「最會照顧豚鼠獎」。

一九七三年，她進入西希斯寄宿學校（West Heath boarding school）就讀。這間學校並沒有什麼遠大的教學目標，唯一的入學條件是字要寫得好看。但就算在這間寄宿學校，黛安娜缺乏求知慾的程度還是很驚人。「她沒有打好基礎。」校長露絲・拉奇（Ruth Rudge）說道。「其他人在想事情的時候，她都在做白日夢。」

黛安娜十六歲時畢業於西希斯女子寄宿學校，她所有考試都不及格了兩次。黛安娜的同學很深情的回憶，說她很樂於助人，而且特別溺愛兩隻倉鼠——「小黑手籠」與「小黑泡芙」。

她的傳記作者蒂娜・布朗（Tina Brown）在《黛安娜編年史》（*The Diana Chronicles*）寫道：「把考卷翻過來不寫，卻翻出她的內心世界……事實上，她的確有天賦，而且學校也注意到了。她的情緒商數非常高。」

歷史學家兼記者保羅・強森（Paul Johnson），有一次被問及黛安娜的同理心，而他覺得這是一種獨特的天賦：「她知道自己什麼都不懂，而且非常笨。」他說：「但她讓別人無法批評她，因為她會說：『我很笨，又沒受過什麼教育。』但我應該會回她：『我一點都不覺得妳笨。』因為她雖然懂得不多，但她擁有極少數人才有的東西。她有非常敏銳的直覺，可以看出人性的良善、溫暖與同情心……很少人能與她相比。」

即使黛安娜是家境富裕的伯爵千金，她畢業後的工作卻是保姆和清潔工。她也經常拿自己缺乏教育開玩笑：「腦袋裝水泥，就是在說我啦！」

黛安娜王妃與查爾斯王子的戀情公諸於世之後，英國雜誌《Tatler》有篇社論懷疑的問道：「密特朗（François Mitterrand，曾任法國總統）當選後，法國股市大跌，當這個話題從蛋黃醬中浮出來時，她會怎麼反應？當關於『嫌疑法』（Sus Law）正當性的熱烈討論，從小羊排裡迸出來的時候，她應付得了嗎？」（譯按：應該是在嘲諷黛安娜無法應對飯局上的政治與社會話題）

嫁給查爾斯王子後，黛安娜爬升到英國社會的最高階層。這也讓她開始對自己的智力感到強烈的自卑。她的丈夫教育程度極高，讀過很多書，通曉許多領域，並既機智又健談，使得黛安娜越來越怕羞，令女王很不高興。

有一次吃晚餐時，黛安娜一語不發，結果女王氣到不行，把一位客人叫到旁邊，並對他爆發：「你看看她，就這樣坐在桌子旁邊瞪著我們！」

傳記作者布朗寫道：「黛安娜的情商很高，但她缺乏教育，意味著她與公共事務格格不入。」黛安娜最喜歡的書是芭芭拉．卡特蘭（Barbara Cartland）寫的浪漫小說。卡特蘭是非常成功的作家，寫過七百二十四本以上的催淚故事。

卡特蘭的小說結局中，害羞、不起眼的女主角，通常都能贏得瀟灑王子或殷勤紳士的芳心與喜愛。「這些故事中有我夢想的每一個人，以及我所希望的每一件事物。」黛安娜曾坦承。

以前她夢想嫁給真正的王子——查爾斯王子。她之後感到失望，或許至少有一部分是因為她年輕時愛讀的甜膩小說，創造出一個現實中永遠無法成真的幻想世界。正如卡特蘭所說的：「她只讀過我寫的書，可是這些書對她來說並不是很好。」

想成為「鎂光燈前的貴族」，要先贏得記者的心

黛安娜也不喜歡讀嚴肅的報紙。吃早餐時，她喜歡讀煽情的《每日郵報》（*Daily Mail*）。她是「澈底的報刊成癮者」，非常愛看跟名人與皇室有關的小報八卦。以她的觀點來說，這完全是合理的，而且無論如何，她對於這些媒體的準確知識，都是她成為自我行銷大師的極大助力——只要是跟自己最有關的媒體，她都了如指掌。

她不只是小報新聞的死忠消費者，對她來說，那些從她與查爾斯王子交往後就四處跟蹤她的記者與狗仔隊，已經不只是不知名的攝影師或寫手了。「她讀的報導就是這些人寫出來的。她甚至知道他們住哪裡。」《每日郵報》的史蒂夫·伍德（Steve Wood）聲稱，

▲圖 11-1　1989 年 11 月 10 日，黛安娜王妃出席《當哈利遇上莎莉》（*When Harry Met Sally*）首映會——於倫敦萊斯特廣場舉辦。
photo credit：parkerphotography / Alamy Stock Photo

有一次發現黛安娜站在家門口查看他的地址，讓他嚇了一跳。

一般來說，記者與攝影師會對名人有興趣，但名人對記者與攝影師就沒什麼興趣了。可是黛安娜不一樣。她清楚知道怎麼贏得記者與攝影師的心。她也清楚知道報紙讀者最想讀什麼報導、最想看什麼照片。

作者布朗曾提到：「黛安娜王妃非常了解流行媒體，因為她就是它們的讀者。她深知這些媒體必須用照片與夢想餵養讀者，因此它們需要新奇與驚人的事情，它們渴望找到一個新來的人，然後將她封為皇后。忘掉《泰晤士報》與《每日電訊報》這些建制派在讀的刊物吧。」

根據布朗的說法，黛安娜是「最機靈的媒體玩家」。「她遠比同時代的人更早預料到，名人將會成為這個世界的至寶……黛安娜身為貴族，她知道『血統上的貴族』已經無關緊要了，現在唯一重要的是『鎂光燈前的貴族』。」追著她跑的無數攝影機，散發出一種致命的吸引力。

熟識黛安娜的人們形容她有「第六感」，即使她自己看不到，她也知道有攝影機朝她的方向拍攝：「攝影機創造的形象給了她許多力量，而這種魔法令她上癮，哪怕她會因此受傷。」

有一群跟拍黛安娜好幾年的攝影師，深信她的公眾形象（包括她出了名的害羞），多半都是謹慎且刻意的表演。事實上，攝影師還坦承，「害羞小黛」（shy Di）的形象只不過是一種迷思，而且這種形象也只是因為她低著頭，使得頭髮蓋住臉部而已。最後她只好偶爾抬起頭來，看看攝影師在哪裡。

雖然黛安娜並非擅於推理的人，但她在公關方面發展出了敏銳的分析能力。黛安娜的姊姊曾與查爾斯王子有一段失敗的戀情，黛安娜便澈底分析她姊姊在這段戀情中犯下的所有錯誤。

而她也沒有傻到只討好某些記者，或忽略一些報社。「她嫁給查爾斯之後，沒有任何偏袒的跡象。」《每日快報》（*Daily Express*）的英皇室記者艾希利・華頓（Ashley Walton）說道。「她跟我們所有人都聊過，而且她會特地來報社一趟，跟我們所有人談話。」

黛安娜覺得自己有必要認識每個重要媒體的編輯與老闆——就像她還年輕、未婚的時候，也一定要認識跟蹤她的記者。她還會私下邀請重要的報社編輯在肯辛頓宮（Kensington Palace）共進午餐。「王妃邀請大家到她的地盤，並且結合她學到的知識以及想要投射的形象，使這次會面成為媒體盛會。」作者布朗解釋道。某社會雜誌的主編也說：「一切都是為了『飾演黛安娜』給大家看。」

她總是運用新方法拉攏記者，並培養特別的關係，讓媒體站在她這一邊。其中一個方法是託付祕密給一個她想操控的人。「搞得好像她脆弱的隱私突然落入對方（通常是男生）手中。」

出書、上報、受採訪，令所有受委屈的女性感同身受

當關於她艱辛婚姻的報導越來越常見、激烈，黛安娜意識到她必須改變自己的做法，以塑造她的公眾形象。她知道自己必須讓媒體報導「她的角度」，但又要看起來像是其他來源的爆料，而不是她自己講的。

於是黛安娜決定出一本書，呈現她不愉快的婚姻，而且只歸咎於她的丈夫查爾斯王子，她自己則是受害人：一個敏感的女人，不但得不到對方的愛，還被對方欺騙。她渴望王子

的愛，卻被他冷漠對待。

當然，她不會親自寫這本書。她找到一位作家，允許他訪談她的朋友、家人與熟人。儘管黛安娜在幕後扮演了關鍵角色，但這本書完全沒引述她的話，而且她還公開否認好幾次自己與作者合作。

事實上，這本書的內容經過她完全批准，她在書出版之前就已經讀過每一個字，甚至還在草稿的空白處親筆批改內容。一九九二年初，隨著本書的出版日迅速逼近，她寫信給一位朋友：「顯然我們正在為火山爆發做準備，我覺得我最好全副武裝，迎接任何朝著我們來的事情。」

她的策略很快就奏效了。由黛安娜主動提議，安德魯・莫頓（Andrew Morton）撰寫的爆料著作《黛安娜：她的真實故事》（*Diana: Her True Story*），在正式出版前書摘就刊載於《星期日泰晤士報》（*The Sunday Times*）。

頭版的橫幅頭條是「查爾斯『漠不關心』，黛安娜五度企圖自殺」。文章的標題則是：「婚姻破碎導致身體不適；王妃說她不會成為皇后。」黛安娜完全料中民眾隨後的反應。「多虧莫頓的爆料，她與數百萬人建立發自內心的羈絆。她有粉絲跟姊妹淘了。」

黛安娜的表現就像個媒體專家，教育程度高她很多的查爾斯王子卻完全相反：他是個笨拙的公關門外漢。當他讀到頭條時，他的回應很堅決：「我再也不想看到這家的報紙了！

我也不想再看到任何小報出現。假如任何人想看，就自己去買來看吧——包括女王陛下。」他拒絕收聽新聞或讀報紙，並解釋說：「我早上最不想做的事情，就是讀我那個瘋老婆做了什麼事。」

這本書出版後，黛安娜已經打破皇室的最大禁忌之一。她把自己的私人關係與溫莎王朝的內部事務公諸於世，這在過去是無法想像的。不過，她的劇本已經寫好，而且現在大多數人都接受她對於這段婚姻的詮釋。

黛安娜對於媒體的熟練掌控，以及她對於公關的專業，展現出一件事：以傳統的標準來看，她的教育程度並沒有很高，也沒有特別聰明，但她是貨真價實的自我行銷天才。根據作者布朗表示：「查爾斯書讀得比較多，但黛安娜能夠迅速、果決的達成自己的目標……某種意義上，她是懂得調度場面的大導演。」

三十一歲時，黛安娜開始與丈夫分居。「現在她開始經營自己的名氣，就像經營全球品牌一樣。如今她將生活全部投入於照料、宣傳與保護『黛安娜』這個品牌。」

黛安娜位於聖詹姆士宮的辦公室，逐漸變得像是廣告代理商的接待大廳，來自各雜誌的照片填滿兩個巨大畫框，記錄著她身為王妃的輝煌事蹟。她擁有一個小型卻精明的團隊，負責發展專業的公關策略，並且策略性思考她該做的事情。

可是自從她打電話恐嚇其中一位愛人（有婦之夫），被公諸於世之後，原本成功的黛安娜品牌就染上了汙點。他娶了一個有錢的女人，在任何情況下都不想離婚，結果黛安娜一天打二十次電話給他，甚至在深夜也照打不誤。

媒體得知這個故事之後寫出來的報導，沒有完全同情她。但黛安娜總是能想出新的公關招式，將自己置於有利的角度，重點在於：把自己塑造成被騙的受害者，一個只希望得到丈夫的愛卻永遠得不到、還被他冷漠對待的女人。而且她的丈夫從一開始就跟前女友卡蜜拉偷情。

黛安娜最絕妙的公關操作，就是接受記者馬丁・巴希爾（Martin Bashir）的電視專訪。她花了幾週時間練習自己的臺詞，而訪談最終在一九九五年十一月十四日播出。

轉播當天晚上，倫敦的街道空無一人。兩千三百萬英國觀眾，動也不動的坐在電視前面——而他們所看到的，是一場精心打造的表演，一切都恰到好處。黛安娜就像在唸公關稿一樣，傳達了一些核心訊息，並達到其預期效果：

「我想成為人民心中的女王……。」

「我們這段婚姻總共有三個人……。」（指涉卡蜜拉・帕克・鮑爾斯）

「我所嫁入的建制派勢力——他們打從一開始就不相信我能扮演好王妃的角色。」

（談到有些人為什麼反對她）「我覺得是出於恐懼，因為這裡有一位女強人在盡她的本分，而她是從哪裡獲得力量，得以繼續下去的？」

她表達自己故事的方式，令所有受委屈的女性感同身受。當被問及她與詹姆士・休伊特（James Hewitt）的婚外情，她拒絕承認有性關係，並機靈的撇開這個有關肉體關係的問題，將話題轉向情感面：「是的，我愛慕他。是的，我跟他有一段情。但他卻令我失望。」民眾的回應正如她的預期。她不但讓民眾理解她的掙扎，還抱怨建制派「認定」她是失敗的王妃，因此獲得民眾的支持。雖然她絕非女性主義者，卻善用了女性主義的精神——將所有針對她的批評，都說成是在反對獨立女強人用自己的方式「盡自己的本分」。

黛安娜的核心訊息達到了預期的效果。專訪播出後的那個星期三，《每日鏡報》進行民調，發現有九二％的民眾認可黛安娜在電視上的表現。

就算過了兩週，《星期日泰晤士報》進行的民調，還是有六七％的民眾認為她接受專訪是正確的，七〇％的民眾認為她應該擔任國際親善大使，只有二五％的民眾認為她在公眾生活中應該扮演較低調的角色。

黛安娜表達自己想成為「人民心中的女王」的渴望，既簡潔又難忘的闡述她的關鍵品牌訊息——效果媲美賈伯斯第一次行銷 iPhone。

特殊的同理心，讓黛安娜成為人民心中的女王

所以，黛安娜是怎麼定位自己的？當然，她不能只靠自己的美貌。黛安娜從很早以前就領悟到（她在這方面非常精明），自己完全不可能在知識或政治領域發光發熱。為什麼要在自己必定敗北、丟臉的領域跟別人競爭？她的定位，她的獨特賣點，就是「人民心中的女王」。

心理學上，黛安娜是極度不穩定的女性，有著嚴重的問題：她患有暴食症；有一次與丈夫吵架之後，她用小刀割傷自己的胸部與大腿；她與任何伴侶都無法發展正常、和諧或深情的關係；就連一般的友誼對她來說都很困難，幾乎每天都有朋友跟她絕交。有位知己透露：「她跟所有朋友都鬧翻過。」

傳記記者布朗認為她的矛盾之處在於：「這位女性如此真心同情陌生人，卻又能夠如此輕蔑最親密的人。」她尋求慰藉與建議的對象，是一些不知名的占星師、超心理學家、手相術士與筆跡學家。黛安娜被這些江湖郎中給迷住了。

但這只是黛安娜的其中一面。就跟許多心理有問題的人一樣，她對別人的需求抱有極度的同理心，尤其是她不認識的人。「她會深入發掘自己生活中的不愉快，並將它化為同

理心。」布朗寫道。

德國精神分析學家沃夫岡・施密德鮑爾（Wolfgang Schmidbauer）在《無助的助人者》（*Helpless Helpers*）一書中描述過「助人者症候群」（helper syndrome），而黛安娜就有這種疾病。

助人者症候群是一種精神問題，常見於助人的職業。由於特殊的性格使然，「助人者」會迷上自己的助人角色，以試圖補償他們自己的自卑感。而在最極端的情況下，他們想幫助別人的意願，甚至會傷到自己，以及忽略了家人與伴侶，結果導致精疲力竭與憂鬱症。

根據布朗表示：「黛安娜的才華要在殘障人士與病患面前才能充分展現。」她可以在一秒內，從易怒又自私的王妃，變成與人們緊密聯繫的助人者，並且奉獻給有需要的人。

當她離開自己的世界，前往探訪醫院或遊民庇護所的時候，從來就沒有皇室那種居高臨下的樣子。在她過世前最後一次採訪中（採訪者為法國《世界報》）曾說道：「比起頂端的人，我跟底層的人親近太多了。」

她難以應對知識分子是可以理解的。但她知道如何將自己的缺陷（亦即缺乏教育與傳統知識）化為優勢：「王妃對自己的智力感到不安，但這種感覺卻意外成為她的資產。她會立刻把頭轉向任何弱勢族群——年長者、病患、幼童。」

黛安娜的母親也曾說：「比起沒自信的人，她跟有自信的人就沒辦法那麼自在談話……

她自己並不是很有自信，但她擁有與人相處的天賦，並明智且慷慨的使用它。」

有好幾百個人描述過黛安娜的神奇魅力，以及她對於窮人、弱勢與病人的無窮同理心。一位目擊者回憶道：「她除了美貌之外，還帶有光輝與溫暖。你可以感受到她的脆弱。我注意到她怎麼靠向其中一位看護，並且全神貫注的傾聽她說的話。一年後，這位看護想到這件事還是很感動。她認為這是她人生中的寶貴經驗。就好像那天早上所有人都被聖光沐浴一般。」

另一位旁觀者則說，黛安娜有特殊能力，能夠與少年犯或殘障兒童建立「非常親密的關係」。就連在電視攝影機面前，她那傾聽般的凝視，都能夠將她的談話對象（無論家長還是小孩）拉進受到保護的小圈子裡。

黛安娜一次又一次的運用她特殊的同理心，征服那些懷疑她的媒體人。《星期日泰晤士報》的戰地記者克莉絲汀娜・蘭姆（Christina Lamb），注意到黛安娜有多麼親近地雷受害者。她很佩服黛安娜看到傷口時從來不會把頭轉開，因為她自己就算已經在第三世界報導好幾年了，也還是不敢看那些可怕的傷口。

「她有某種特質，我之前只有在納爾遜・曼德拉（Nelson Mandela，南非的國父）身上看過。」這位記者寫道。「她有一種令瘋狂的人也想親近她的氣場，以及一種完全自然、發自內心的直覺，知道怎麼把希望帶給那些絕望到快活不下去的人。」

黛安娜其中一位朋友，描述了她與一位女性的對話。這位女性流產了好幾次，絕望到哭出來：「她的所有悲傷之情就這麼宣洩出來，而黛安娜突然從『擔心自己未來的人』，切換成『具有無比同情心的人』。她能夠將注意力集中他們身上，並且利用極為不凡的方式直搗他們的核心。」

一位澳洲記者描述黛安娜遇見小孩時的情況：「她會蹲下、彎下腰，跟小朋友說話。她就是這麼不一樣，這麼親近民眾。對我們來說這實在太好了——每天都有很棒的報導可以寫。」

每天都有「很棒的報導」——這就是黛安娜成功的祕密：她將自己特殊的同理心天賦，與她獨特的公關才華結合起來。她對於報導自己的文章幾乎到了上癮的地步。

在一次巡訪澳洲與紐西蘭之後，她開始每天早上瀏覽各家報紙，看看自己的照片，從小報一直讀到大報。「她是澈底的報刊成癮者。」《每日快報》的記者華頓寫道：「她會從頭開始讀她的所有報導，還清楚知道是誰寫的。我們之所以知道這件事，是因為她會跟我們提到某篇特定的報導。她住在海格羅夫（Highgrove）的時候，會帶一些錢到泰特伯里（Tetbury），買下許多報紙與雜誌，然後抱回家。我們以前會在報攤等著採訪她。假如她的照片有上封面的話，她就一定會買那本雜誌。」

一方面，她抱怨包圍她的狗仔隊，另一方面當攝影機沒有對準她時，她又會感到很痛苦。「她沒有扮演平民王妃的時候，會關在自己的牢籠裡，很想知道媒體要是少了她的魅力，他們的精力找誰宣洩？大概只能去吹捧別人了吧。」

行銷弱點，自卑的人也能受盡寵愛

外界的旁觀者很難分別黛安娜的生活中，哪些是真實、自然的，哪些又是在演戲——甚至連她自己也不一定知道。

在《黛安娜編年史》德文版前言中，《明鏡》的記者派翠西亞・德雷爾（Patricia Dreyer）評論道：「起初，她那獨特的天真無邪眼神是因為害羞所致，不過她早就克服了。後來這種眼神就是她知道有攝影機在拍時刻意擺出來的。她對於被社會遺忘的族群（愛滋病患、遊民）所做出的承諾，起初都是出自於她真心樂於助人的個性。但這種心態也可以成為武器：黛安娜選擇投入其他皇室成員不敢碰的問題。」

這些舉動讓黛安娜看起來更有人情味、更「進步」。她也因此能夠重新喚起許多人對於英國君主政體的喜愛——直到黛安娜之前，大家都認為皇室成員是孤高的傳統主義者與精英主義者。

跟許多變得極為出名的人一樣，戴安娜也發展出一種妄自尊大的傾向，用來補償自己的自卑感。在某個飯局上，她不經意告訴同桌的人說，她可以解決北愛爾蘭的「麻煩」——那裡自從一九六〇年代晚期就遭到內戰肆虐，已經造成數千人喪生。她用一句話解釋自己對於解決此衝突的樂觀態度：「我非常擅長幫人們理出頭緒。」

黛安娜知道如何將她的自卑感與心理弱點，轉變為高效的資產。雖然她缺乏教育，但反而有助於她與一般民眾發展出親密且融洽的關係；她將自己的心理疾病轉變為樂於助人的心態；她根深蒂固的脆弱內心，形成了同理心的基礎——使她能夠把自己化為人民心中的女王。

黛安娜成名的藝術

- 黛安娜不會在自己必輸的領域跟別人競爭（跟智力有關的議題，或很需要知識與教育程度的議題）。她將自己的弱點（脆弱與助人者症候群）化為優勢。
- 從一開始就很積極經營媒體關係，並與編輯、攝影師建立良好聯繫。
- 黛安娜會運用所有公關手段——尤其是一本她委託別人寫的類自傳書籍，以及一次大型電視專訪。她用自己的話語打敗查爾斯（從她夢中的王子變成她的死對頭），因此定調了整起事件的框架。

- 黛安娜反覆打破禁忌，公開談論她婚姻中，以及與皇室相處時的艱辛與問題。
- 想出難忘且有效的核心訊息，用在自己的公關活動上。例如：「我想成為人民心中的女王。」
- 儘管黛安娜地位崇高，她卻非常親近民眾，而且不傲慢。她把「同情弱者」當作自己的獨特賣點。
- 黛安娜為媒體與民眾塑造一個受害者，以詮釋她失敗的婚姻：「我們這段婚姻總共有三個人。」；「我所嫁入的建制派勢力——他們打從一開始就不相信我能扮演好王妃的角色。」

第十二章

因為有名，所以出名

「你不必當歌手、演員或舞者才能出名——想出名有更短的捷徑。任何人都有潛力出名，他們只需要有這個念頭，然後為此奉獻人生，並且理解、精通自我行銷的機制。」

——金·卡戴珊

金・卡戴珊在 Instagram 上的追隨者有超過兩億一千萬人，就連自二〇〇九年起拿過六次「國際足總世界足球先生」的梅西都輸她。卡戴珊的推特有六千多萬名追隨者，幾乎跟前美國總統川普一樣多（近七千四百萬），並且勝過 CNN 的新聞快報（六千一百萬）。到底要怎麼做，人氣才能媲美全世界最有權力的政治人物，以及全世界最棒的足球選手？

卡戴珊是卡戴珊—珍娜家族的成員，這一家人是美國最有錢的名人家族之一。她的同母異父妹妹凱莉・珍娜（Kylie Jenner），也被《富比士》認定為史上最年輕的白手起家億萬富翁（按：凱莉擁有自己的美妝品牌 Kylie Cosmetics，截至二〇一七年，她已賺進約一千六百萬美金）。

名人通常會說自己小時候就希望以後能出名，但這很難證實。至於卡戴珊就真的有一支影片，當時才十三歲的她說道：「有人拿到這捲錄影帶的嗎？我希望你有拿到，因為當你看到我出名、而且變老的時候，你就能記得我還是漂亮小妹妹時的樣子。」許多年輕人都夢想出名。但是金是怎麼讓夢想成真的？

她的父親羅伯特・卡戴珊（Robert Kardashian）是知名美式足球員O・J・辛普森（O.J. Simpson）的親密好友，並因為擔任他的辯護律師而惡名昭彰——這也是美國最受人矚目的謀殺案審判之一。一九八〇年出生的金，若在二〇〇〇年代初期被人偶然提到，頂多只是因為她是「O・J・辛普森的律師的女兒」。

變有名的第一步：和有名的人混在一起

打從一開始，金的策略之一，就是與那些比她出名很多的人為伍。一開始她有個事業構想，可以將她與名人聯繫在一起：金替他們整理塞爆的衣櫃，把他們不要的衣服拿到eBay上拍賣。

她成功招攬到辛蒂·克勞馥（Cindy Crawford，美國超級名模）與小威廉絲（Serena Williams，傳奇女子網球選手）等大客戶，而且被人稱為「衣櫃女王」（Queen of the Closet Scene）。金的其中一個大客戶是著名希爾頓酒店集團繼承人之一——芭黎絲·希爾頓（Paris Hilton），只比她年輕幾個月，很快就變成金最主要的效法對象。

希爾頓跟她的妹妹於二〇〇三年和福斯電視網簽約，並在全新實境秀《拜金女新體驗》（*The Simple Life*）中演出，而這個節目也在二〇〇三年十二月首播。

節目播出幾週前，專報名人八卦的小報《紐約郵報》（*New York Post*）在其專欄報導了芭黎絲·希爾頓的性愛錄影帶。影片是在二〇〇一年五月錄的，內容是芭黎絲與男友瑞克·索羅門（Rick Salomon）做愛與口交。希爾頓的男友是職業撲克選手，曾經當過毒販，也經常自拍自己與女友的性愛影片。

這些錄影帶顯然不是拍給大家看的，儘管如此，索羅門還是在自己的個人網站上，以一捲五十美元的價格販賣這部影片，還跟成人電影公司「紅燈區影片」（Red Light District Video）簽下經銷協議。

據說希爾頓同意推出這部影片，交換條件是對方要支付她四十萬美元，而且利潤要分她一份。這部影片也等於在幫忙宣傳過沒多久就要首播的《拜金女新體驗》。

卡戴珊把希爾頓當成榜樣，而那捲性愛錄影帶、讓實境秀獲得關注的公關活動，對卡戴珊來說也是很重要的「媒體曝光課程」。卡戴珊在當時完全不有名，但她漸漸開始以「芭黎絲．希爾頓的朋友」的身分出現在媒體照片中，因為她們晚上會一起出去玩，流連於洛杉磯的嘻哈夜店。

希爾頓的公關顧問艾略特．明茲（Elliot Mintz，過去曾經代表過許多知名音樂人，像是約翰．藍儂、小野洋子與巴布．狄倫），曾說金跟夜店現場的其他年輕女性截然不同：她總是很親切、超有禮貌，絕不是酒鬼或毒蟲，而且總是非常準時。她從來不會試圖搶走希爾頓的風采。

卡戴珊以熱切的態度跟芭黎絲學習，她的傳記作者肖恩．史密斯（Sean Smith）在《金．卡戴珊》（*Kim Kardashian*）中評論道：「她之後嘗試過的許多事情，芭黎絲都先做過了。」史密斯寫道：「後來就可明顯看出，無論有意還無意，金．卡戴珊的故事有許多方面都是在模仿芭黎絲．希爾頓的名人品牌化。」

卡戴珊的名人生涯也是從一捲性愛錄影帶開始，而且接著也是一個實境秀。二〇〇三年十月，卡戴珊當時的男友——饒舌歌手 Ray J，也錄下他們做愛的影片。雖然他們聲稱這部影片從來就沒打算給別人看，但被人懷疑也是無可厚非。比方說，有一幕是金從浴室走進房間，攝影機跟著她，然後她轉頭跟鏡頭說：「覺得我的奶子很假的人，我要告訴你們，我的奶子是真的。」這句話顯然不只是說給 Ray J 聽的。

二〇〇六年冬天，關於這捲性愛錄影帶存在的謠言開始流傳，而卡戴珊起初是否認的。至於這段影片是怎麼落入「生動娛樂集團」（Vivid Entertainment，美國最大的色情片經銷商之一）手中，至今仍是眾說紛紜。

錄影帶公開的那時，卡戴珊的母親克莉絲．珍娜（Kris Jenner）正與 E! 電視臺（Entertainment Television）簽約，準備要製作關於卡戴珊家庭生活的實境秀。作者傑瑞．歐本海默（Jerry Oppenheimer）在傳記《卡戴珊家族》（*The Kardashians: An American Drama*）中，引述一位知情人士的話：「克莉絲（卡戴珊的母親）了解這捲錄影帶的價值，她知道性愛錄影帶是怎麼讓芭黎絲．希爾頓轟動一時，因此她認為同一招也適用於卡戴珊。無論直接還是間接，這捲錄影帶流到了生動娛樂集團手上。克莉絲知道自己在做什麼，卡戴珊也跟著湊熱鬧。一切都是為了錢與名氣。」

不過金的傳記作者肖恩・史密斯卻有相反的說法：卡戴珊的母親得知這捲性愛自拍錄影帶真的存在時，簡直被嚇壞了。

卡戴珊控告生動娛樂集團，試圖阻止這捲錄影帶推出——對方打算命名為《超級巨星金・卡戴珊》（*Kim Kardashian, Superstar*）。「諷刺的是，金的法律行動使媒體對這捲性愛錄影帶產生興趣，這種關注度反而保證它會大賣。」史密斯如此寫道。沒有這次訴訟的話，這部影片絕對不會如此成功。

經過漫長的談判之後，生動娛樂集團、卡戴珊與她的前男友 Ray J 達成共識，據說生動娛樂集團出了五百萬美元請她撤銷訴訟，然後再額外付她幾十萬美元。最重要的是，她可以分到一部分錄影帶版稅。這部影片成為史上最成功的性愛錄影帶之一，而卡戴珊不但憑一己之力成為百萬富翁，還跟希爾頓一樣，把難堪的影片當作完美的公關平臺，推出她的全新實境秀——《與卡戴珊一家同行》（*Keeping Up with the Kardashians*）。

這個節目於二〇〇七年十月十四日在 E! 頻道首播，至今總共有兩百四十七集，橫跨十五季（按：截至二〇二一年，節目已播出至第二十季）。光是開播頭四週，這個節目就吸引到超過一千三百萬名觀眾。除了這捲性愛錄影帶，卡戴珊還有其他公關噱頭，大幅提升她的關注度：二〇〇七年十二月，她上了男性雜誌《花花公子》（*Playboy*）的封面，而實境秀的其中一集就在介紹拍攝雜誌封面的過程。

這時機好到不行，因為她的系列節目恰巧開播沒多久。一開始是性愛錄影帶的謠言，然後卡戴珊為了阻止它配銷而提出訴訟，結果真正引起大眾的注意，接下來是《超級巨星金・卡戴珊》影片發售，最後則是實境秀系列開播，以及登上《花花公子》的封面。但卡戴珊的成名計畫該怎麼繼續進展？系列節目開播後，她對自己發誓：「我承諾自己，今年我要做一些舒適圈外的事情。」

演員、歌手行不通，社群媒體才能讓她晒美臀

一開始，卡戴珊只知道她想變得超有名，但她不知道該怎麼做。一個年輕、有吸引力的女人，顯然會努力朝演員或歌手生涯邁進，而卡戴珊兩個都試過——但都失敗了。諷刺的是，她的第一部電影《終極災難電影》（*Disaster Movie*），還真的是一場災難，在電影雜誌《帝國》（*Empire*）做的「史上五十大爛片」線上票選中排名第十四。《觀察家報》寫道：「假如它真的算電影的話，它應該是史上最爛電影。」卡戴珊甚至在二〇〇八年入圍金酸莓獎（按：Golden Raspberry Awards，是模仿奧斯卡金像獎的負面頒獎典禮）最爛女配角。

電影出道失敗之後，她試圖成為知名的舞者——很多想成名的年輕女演員都走過這條路。她參加美國廣播公司（ABC）的節目「與星共舞」（Dancing With the Stars），但一週後就退出了。儘管遇到這個挫折，金並沒有放棄，而是把重心改成當歌手。不過她的單曲〈催下去〉（*Jam*〔*Turn it Up*〕）也澈底失敗，在 iTunes 上架首週只有一萬四千次下載。她反省之後承認：「我憑什麼覺得自己能當歌手？我的歌聲又不好聽。」

但是卡戴珊並沒有放棄。她人生中最重要的目標是出名，為了達成這個目標，她什麼事情都肯做。音樂製作人達蒙．托馬斯（Damon Thomas）曾與卡戴珊有過三年的婚姻，他強調卡戴珊的野心其實有不好的一面：「她對名氣非常著迷。她不會寫歌、唱歌或跳舞，所以她會做一些有害的事情，向媒體證明自己。對我來說她就是『名婊』（fame-whore）。」

卡戴珊與眾不同之處在於她無比的職業道德感、決心，以及對於挫折的容忍度。她是出了名的工作狂，而她的姊姊寇特妮（Kourtney）曾說過：「她就像在跟她的工作約會。」

儘管卡戴珊當演員、舞者、歌手都失敗了，她還是緊抱著遠大的成名之夢。「你必須保持堅定，」她解釋道，「有些人起步之後就停下來，或是變得有點懶。我媽跟我每年都會寫出一張目標清單。」——除了她之外，許多非常成功的人也用過這個技巧。傳記作者史密斯寫道：「金彷彿會站在鏡子前，決定如何將自己全身上下、從頭到腳都發揮到極致。她會掌握所有到來的機會，並確保她有親身參與，而不只是一臺『成名機器人』。」

卡戴珊的成功基礎在於她精通社群媒體，她比許多人更早發現社群媒體的潛力。想藉由當「網紅」變有錢、有名的年輕女性有好幾百萬個，但卡戴珊比她們更能熟練運用。

到了二〇一〇年初，她在推特上已經有超過兩百七十萬名追隨者，而且傳言指出有人願意付她一萬美元，請她在推特上推薦一道沙拉。「我正要去卡樂星（Carl's Jr.，美國連鎖速食店）吃午餐……你們吃過它的東西嗎？」卡戴珊代言過CKE餐廳（CKE Restaurants，卡樂星的母公司）與其他品牌的社群媒體活動，而且都非常成功。到了二〇一〇年二月，她也推出自己的香水品牌（KKW Fragrance）。

實境秀《與卡戴珊一家同行》使她越來越有名，到了二〇一〇年末，她成為收入最高的電視實境秀明星，估計賺了六百萬美元。同一年，卡戴珊的線上搜尋次數超過前美國總統歐巴馬與超級明星小賈斯汀（Justin Bieber）；後來甚至有人付她十萬美元，只請她在某間夜店「露臉」。在二〇一〇年七月，卡戴珊的蠟像也於紐約市杜莎夫人蠟像館（Madame Tussauds wax museum）展出。

或許卡戴珊一開始認為自己必須出類拔萃（無論當演員、歌手還是舞者），但她一定很快就領悟到，社群媒體可以讓她「因為有名而出名」——雖然這種說法有貶義。只要先一炮而紅（以卡戴珊的例子來說是性愛錄影帶與實境秀系列），接著再努力不懈的構築品牌即可。

卡戴珊家族的品牌哲學很簡單：第一，盡可能拓展你的品牌，並總是反應現況——假如你變胖了，那就去代言減肥藥；第二，盡可能曝光與分享——大眾對於好事、壞事都同樣感興趣；第三，運用臉書、推特、Instagram 與其他你能想到的網路平臺，與大眾聯繫。

卡戴珊主要是在網路上貼出照片，而且就跟大多數的自我行銷者一樣，她把自己的外型當作獨特賣點。阿諾有肌肉，拉格斐有髮辮、墨鏡，川普有髮型，愛因斯坦有古怪教授臉，而卡戴珊則有美臀（圖 12-1）。

二〇一一年六月，卡戴珊在倫敦贏得了《魅力》雜誌「年度女性大獎」中的「年度創業家」獎項，因為主辦單位對她的臀部實在太感興趣，他們居然真的用 X 光照她的屁股，看它是真的還是有植入填充物。

在《與卡戴珊一家同行》的其中一集，卡戴珊也請醫生替她的臀部照 X 光，接著護理師把 X 光片貼出來。結果證實她的屁股是真的——而且卡戴珊也確保了全世界都知道這點。

▲圖 12-1　2014 年 9 月，金．卡戴珊出席《GQ》年度男性獎頒獎典禮（GQ Men of the Year）。
photo credit：WFPA / Alamy Stock Photo

然而接下來幾年，網路上與媒體還是經常在爭論，她的屁股到底是真的還是假的。金一再以她的美臀照片成功引起關注。兩年後，頗具聲譽的《每日電訊報》報導了一張引起大量關注的照片：「二〇一四年九月，獨立雜誌《紙》創造了當年（甚至可說十年來）最大的文化盛事——他們打算用一張卡戴珊的裸照來『塞爆網路』。照片中卡戴珊在她的美臀上放了一個香檳杯，再加上 #BreakTheInternet 標籤，立刻造成網路瘋傳。該網站一天內就獲得超過五千萬點閱數，占了當天美國所有網路流量的一％。」

《紙》的編輯米奇．伯德曼（Mickey Boardman）評論了這張雜誌封面：「當時我們只覺得這封面很讚，我們不知道它會造成這麼大的文化現象。許多名人不想做風險太高的事情，但我們覺得金會想做點既狂野又諷刺的事，結果就這麼成真了。」

成就與成名已經脫鉤，精通行銷才能達到新世代成就

卡戴珊從來就不怕挑起對立，這反而能幫助她構築自己的品牌。「人們對她總是會有某種反應。有人喜愛她，也有人認為她是社會的毒瘤。但很少人能像她一樣引起這麼大的討論。」伯德曼說道。

卡戴珊家族的成功關鍵之一，就是他們的品牌從來不只是一個人的，而是全家的。眾多家庭成員只要有一個人上新聞，卡戴珊品牌的整體價值就必定會增加。

母親克莉絲自稱「經紀媽」（Momager），是最核心的功臣。記者艾琳．克拉扎斯（Erin Klazas）分析過這個現象，她表示卡戴珊家族代表一種特殊形式的個人主義：「這是一種集體的個人主義。姊妹們透過彼此的強烈羈絆，宣傳一個能賦權於家族的品牌，而它是集體自我創業下的產物。」

卡戴珊有時也會讓人搞不清楚哪些是現實，哪些又只是實境秀噱頭。其中一個例子是她與籃球明星克里斯．漢弗萊斯（Kris Humphries）的婚姻。二〇一一年五月，漢弗萊斯用價值兩百萬美元的戒指向她求婚。這場婚禮分成兩集播出，分別有四百四十萬人與四百萬人收看。但結婚後才過七十二天，卡戴珊就訴請離婚。

打從一開始，她就根據「名人係數」來選擇朋友、情人與丈夫。她從名人金字塔的底層逐步高攀，每個新伴侶都比前一個有名一點。二〇一二年四月，卡戴珊正式對外宣布她與肯伊．威斯特的戀情，並於二〇一四年五月結婚。

肯伊．威斯特是世上最有名的嘻哈與流行樂手之一。由於認可威斯特對流行文化的影響力，《時代》雜誌於二〇〇五年將他列為世界百大影響力人士，並於二〇一五年讓他再度進榜。

跟其他許多饒舌歌手不同，他並非在街頭長大，從未販毒或行騙。他曾經在芝加哥州立大學攻讀英國文學，但之後輟學。這次婚姻使得金的關注度又大幅提升。兩人都不斷上頭條。二〇一四年八月，媒體報導他們斥資兩千萬美元買下一棟豪宅，而且為了確保隱私，還用兩百九十萬美元買下隔壁棟。

金．卡戴珊這個名字逐漸成為「出名」的同義詞，還有開發商甚至因此出了一款電玩遊戲《金．卡戴珊：好萊塢》（*Kim Kardashian: Hollywood*，於二〇一四年七月推出）。就像《地產大亨》的目標是變有錢，卡戴珊這款遊戲的目標是變有名。每位玩家必須試著從「E咖名人」升格為「A咖名人」，就像卡戴珊在現實生活中做的事情。

據說卡戴珊在遊戲的開發流程中功不可沒。玩家可以接下模特兒或演員的工作、現身於嘻哈夜店或與名人約會，藉此獲得更多粉絲。根據某份針對本遊戲的分析表示：「藉由個人品牌來行銷自己，是成功出名的途徑……而這些活動導致的後果也完全一樣——無時無刻緊盯著你的媒體，將會以正面或負面的角度報導你的職業活動……**有效的自我呈現，以及有能力藉由必要的媒體平臺來傳播這種表現，已成為成名的基本要素……**。」

《金．卡戴珊：好萊塢》推出後短短幾個月，就已經有近兩千三百萬名玩家。根據《富比士》的報導，二〇一四年至二〇一五年間，卡戴珊的收入從兩千八百萬美元增加至五千三百萬美元。而遊戲的成功正是她財富暴增的主因。

電視系列節目、電玩遊戲，以及卡戴珊家族的其他活動是相輔相成的，但核心永遠都在於電視節目身上。二〇一五年二月，卡戴珊家族又為這個系列節目簽下四年、一億美元的合約，至今已在一百六十個國家播放過。

二〇一八年，《富比士》估計卡戴珊的個人資產為三億五千萬美元，而她的公司「KKW Beauty」是她的主要財富來源。根據《紐約時報》的報導，KKW Beauty 創辦時也驗證了金的個人品牌優勢：「二〇一七年，金首度介紹 KKW Beauty 系列商品的前五分鐘，估計就售出了價值一千四百四十萬美元的產品（個數約三十萬件）。」

正如藝術家沃荷於一九六八年的預測：「在未來，每個人都會聞名全球十五分鐘。」在資本家出現前的時代，名氣是貴族與皇室成員的特權。在資本主義之下，名氣被民主化了——現在任何人，不分年齡、性別或出身，都可以憑藉他們的成就、技能或才華（例如當演員或流行歌手）而成名。

這幾年來，顯然**光憑成就是無法保證出名的——成就必須結合自我行銷**，也就是在恰當的場合展示自己的成就，讓所有人都知道。在網路時代，這種自我行銷術已經跟實際的成就脫鉤了。卡戴珊就是一個特別明顯的例子。

說得更精確一些：如今，自我行銷術才是真正的成就。

記者布蘭登・布洛（Brandon Boileau）在探討卡戴珊成功之道的文章中總結了這個現

象：「以前的好萊塢名人是正規英雄人物，在娛樂產業充分的曝光，他們在所有領域都十分受人尊敬。如今在網路的協助，以及娛樂產業的巨大觸及範圍下，人們越來越有可能從沒有門檻的入口踏進名人圈。」

沒才華的名氣不應得？但這項才藝只有金・卡戴珊能做到

卡戴珊的成功等於向她的粉絲證明一件事：你不必當歌手、演員或舞者才能出名——想出名有更短的捷徑。任何人都有潛力出名，他們只需要有這個念頭，然後為此奉獻人生，並且理解、精通自我行銷的機制。

卡戴珊與其他**社群媒體明星（例如網紅）的最大吸引力，在於每個年輕女性都能認同她們**，因為她們的名氣，似乎證明任何人只要夠渴望、並願意付出代價，就能夠出名。

對於批評者來說，這種名氣是「不應得」的成就，但這種想法是基於一種誤解。根據作者肖恩・史密斯的說法：「金做過的所有事情，都展現出她是完美的專業人士。她不斷被人嘲笑沒才華，好像她必須在電視舞蹈比賽奪冠，才能夠合理化她的成功、巨額財富以及愛她的家人。假如她做的事情很簡單，每個人都能做，那麼世界上就會有一百萬個金・

卡戴珊，但是並沒有。就只有一個而已。」

作者歐本海默曾批評卡戴珊家族「除了自我宣傳之外，幾乎沒有其他可識別的才華」。聽起來自我行銷術並非「真正」的才華，因此它創造出的名氣就有點不應得。這也是知名美國電視主播芭芭拉・華特斯的意見，她曾經直言不諱的批評卡戴珊：「妳沒有真的在演戲；妳沒有唱歌；妳也沒有跳舞……恕我直言，妳一點才華也沒有！」

但這種觀念是錯的。**對於本書中介紹的名人來說，自我行銷術至少跟他們的實際專業成就（例如科學家與運動員）一樣重要**。自我行銷是一種獨特的藝術。這一點在卡戴珊家族尤其明顯，他們之所以如此成功，主要就是因為他們精通行銷與公關的原則。

金・卡戴珊成名的藝術

- 打從一開始，卡戴珊就與希爾頓這些名人為伍，以提升她的關注度——她密切研究他們的成功之道，並學會引人注目的方法。
- 數百萬名在社群媒體張貼圖文的女性，從卡戴珊身上獲得希望，覺得自己也能變有錢、有名——而且除了自我行銷之外，不需要精通其他事情。對於透過自我品牌尋求成功的年輕女性來說，卡戴珊家族已成為模範。

- 堅持不懈的態度，再加上願意做實驗，就是卡戴珊的成功方程式之一：她起初試著用傳統的方式出名，但她當演員、舞者與歌手都失敗了。她並沒有放棄，而是藉由社群媒體與實境秀，自己開闢出一條成名之路。
- 引起關注卻不顧忌社會規範：一捲性愛錄影帶爆發了醜聞，也開啟了她的生涯。
- 專注、極度的紀律與職業道德，不一定是時尚界年輕女性的典型特質，但以卡戴珊的觀點來說，這些才是決定性的成功因素：「我二十出頭的時候，有許多年輕人滿腦子只想出遊、開趴與喝酒。我相信我之所以這麼成功，是因為我總是掌控好自己的生活方式。我做事總是盡心盡力。我當然知道這樣可能很累、很洩氣，但你真的要投入時間與心力，然後務必保持專注。」
- 卡戴珊將自己的美臀化為註冊商標與獨特賣點：阿諾有肌肉，拉格斐有髮辮、墨鏡與手套，川普有髮型，愛因斯坦有古怪教授臉……而卡戴珊有美臀，讓她得以成為無數照片與影片的焦點。

國家圖書館出版品預行編目（CIP）資料

成名的藝術：你這麼有實力，千萬別敗在不夠有名。你該怎麼顯露經歷、聲勢、甚至情緒，讓世界放大你的成績。／雷納．齊特曼（Rainer Zitelmann）著；廖桓偉譯．-- 初版．-- 臺北市：大是文化有限公司，2021.06
288 面；17×23 公分．--（Biz；359）

譯自：The Art of Becoming Famous: Geniuses of Self-Marketing from Albert Einstein to Kim Kardashian

ISBN 978-986-5548-87-2（平裝）

1. 世界傳記　2. 行銷

781　　110004264

Biz 359

成名的藝術

你這麼有實力，千萬別敗在不夠有名。你該怎麼顯露經歷、聲勢、甚至情緒，讓世界放大你的成績。

作　　者／雷納・齊特曼（Rainer Zitelmann）
譯　　者／廖桓偉
責任編輯／張祐唐
校對編輯／黃凱琪
美術編輯／林彥君
副總編輯／顏惠君
總 編 輯／吳依瑋
發 行 人／徐仲秋
會　　計／許鳳雪、陳嬅娟
版權經理／郝麗珍
行銷企劃／徐千晴、周以婷
業務專員／馬絮盈、留婉茹
業務經理／林裕安
總 經 理／陳絜吾

出 版 者／大是文化有限公司
臺北市 100 衡陽路 7 號 8 樓
編輯部電話：（02）2375-7911
購書相關資訊請洽：（02）2375-7911 分機122
24小時讀者服務傳真：（02）2375-6999
讀者服務E-mail：haom@ms28.hinet.net
郵政劃撥帳號／19983366　戶名／大是文化有限公司

法律顧問／永然聯合法律事務所
香港發行／豐達出版發行有限公司 Rich Publishing & Distribution Ltd
地址：香港柴灣永泰道70 號柴灣工業城第2 期1805 室
Unit 1805,Ph .2,Chai Wan Ind City,70 Wing Tai Rd,Chai Wan,Hong Kong
Tel：2172-6513　Fax：2172-4355
E-mail：cary@subseasy.com.hk

封面設計／林雯瑛
內頁排版／陳相蓉
印　　刷／緯峰印刷股份有限公司
出版日期／2021 年 6 月初版
定　　價／新臺幣 380 元
ISBN／978-986-5548-87-2（平裝）
電子書ISBN／9789860742077（PDF）
9789860742060（EPUB）